生姜屋さんとつくった

まいにち生姜レシピ

レシピ　こてらみや
監修　GINGER FACTORY

池田書店

はじめに

ピリリと辛く、爽やかに香る生姜。

薬味としてあまりにも身近ですが、
さまざまな食材と相性がよく、
料理の具として、ドリンクに、スイーツにと
実はなんにでも使える万能な香味野菜です。

体をポカポカ温めてくれる他、
〝生姜は百邪を防御する〟と言われるほど
健康効果も多数。

そんな生姜の魅力をもっと引き出して
まいにちおいしく楽しく使っていただけるようにと
役立つ知識とレシピを詰め込みました。

本書で今まで知らなかった
生姜の世界を見つけていただければ幸いです。

生姜、こんなふうに生活に

時間のない朝は作り置きの「生姜のおかずの素」をごはんや卵に
さっと混ぜて、おにぎりと卵焼きに。箸休めに生姜のみそ漬け。
みそ汁から立ち上るフレッシュな生姜の香りが、
朝の頭をすっきりとさせてくれます。

レシピP.10（写真左上・みそ漬け生姜はP.72）

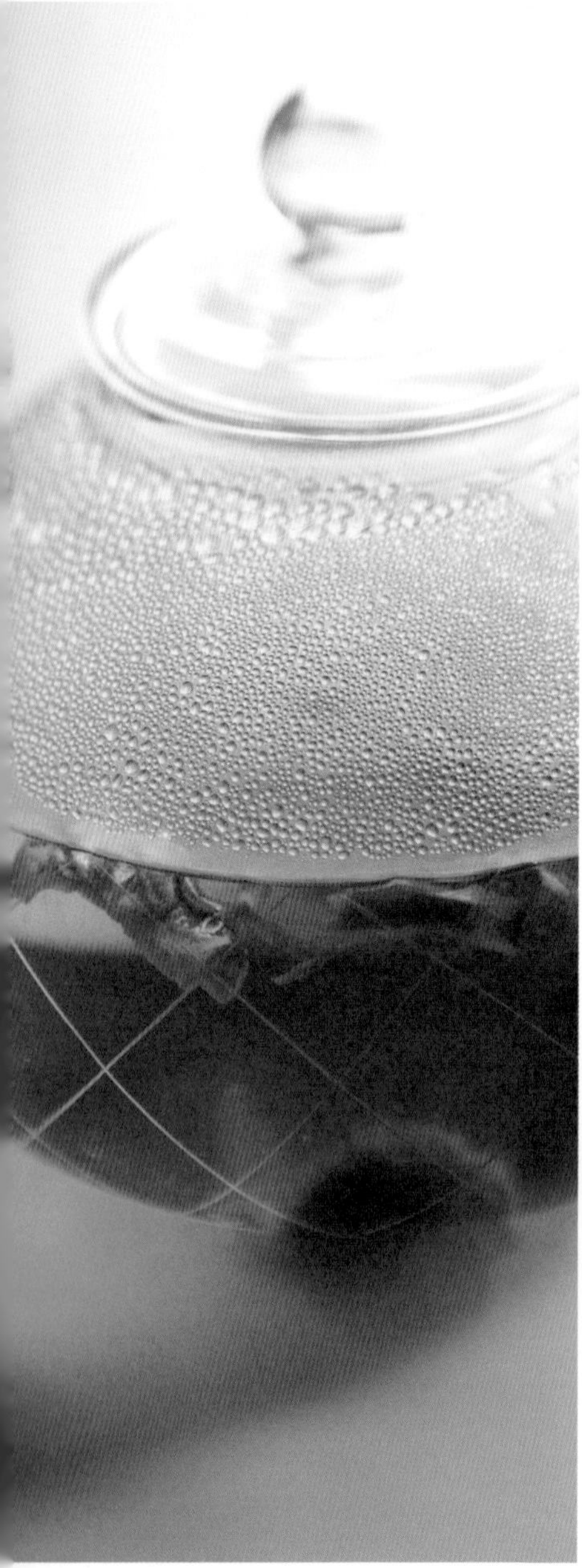

ひと息つくお茶の時間。
生姜を煮出してチャイにしたり、
乾燥生姜に熱い番茶を注いで、
ゆっくりと戻しながらいただいたり。
体を冷やすかも？ と
気になるコーヒーにも温め効果を期待して、
おろし生姜をひとさじ。
いつもの一杯に生姜をプラスで、
もっとリラックス。

レシピP.11

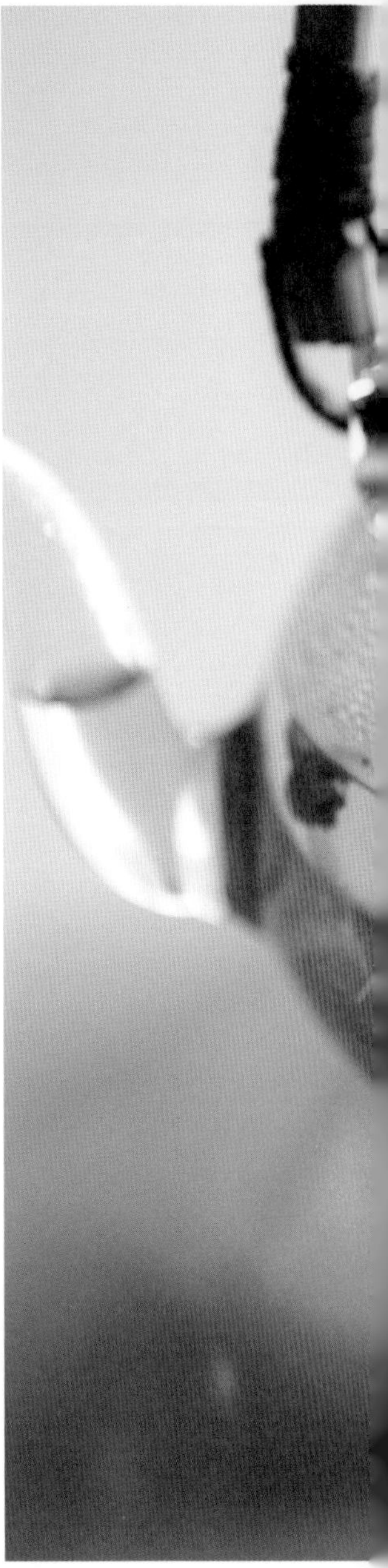

レシピP.12（写真中・生姜梅番茶はP.45）

冷蔵庫を開けたら、
生姜ミンチと生姜ピーマンみそ。
豆腐や野菜があれば、お酒に合う
メリハリのきいた味のおつまみが
パパッと完成です。
カクテルも生姜をきかせて、
香りと刺激を楽しみます。

レシピP.12、13

P.4のレシピ

生姜つくだ煮の混ぜ込みおにぎり

材料（1人分）

生姜の塩つくだ煮（p.58）…適量
温かいごはん…茶碗1杯

1 ごはんに塩つくだ煮をさっくりと混ぜ込む。

2 食べやすい大きさににぎる。

P.4のレシピ

小松菜とじゃがいものおみそ汁

材料（1人分）

生姜【せん切り】…適量
小松菜…1/2株
じゃがいも…1/2個
玉ねぎ…1/10個
油揚げ…1/4枚
だし汁…1カップ
みそ…適量

1 小松菜は5㎝長さに切る。じゃがいもは7〜8㎜厚さの半月切り、玉ねぎは薄切りにする。油揚げは短冊に切る。

2 鍋にだし汁、玉ねぎ、じゃがいもを入れて火にかけ、沸いたら弱火でじゃがいもがやわらかくなるまで煮る。

3 油揚げと小松菜の茎、葉の順に入れ、火が通ったらみそを溶き入れる。

4 器に盛り、生姜を添える。

P.4のレシピ

生姜きのこ玉

材料（1人分）

生姜きのこ（p.54）
…$^{1}/_{4}$カップ（50g）
卵…1個
サラダ油…小さじ1

1　卵は溶きほぐし、生姜きのこを加えて混ぜ合わせる。

2　フライパンにサラダ油を中火で熱し、1を流し入れる。へらで大きく混ぜ、とろとろの半熟状になったら皿に盛る。

P.6のレシピ

生姜チャイ

材料（1杯分）

生姜…1かけ＋皮（適量）
紅茶の茶葉*…大さじ1強
水…80㎖
牛乳…1カップ
砂糖…大さじ1
バター…お好みで少々

*もしあればアッサムのCTC（ごま粒のように細かく丸まったタイプ）がおすすめ。

1　生姜はへらで潰し、皮とともに鍋に入れて水を注ぐ。火にかけて鍋肌がふつふつとしてきたら、弱火で1分ほど煮出す。

2　茶葉を加え、葉が十分に膨らんだら牛乳と砂糖を加えてひと混ぜする。

3　再びふつふつとしてきたら、茶こしで漉してカップに注ぐ。お好みでバターを落とす。

P.7のレシピ

生姜コーヒー

材料（1杯分）

生姜【すりおろす】…適量

コーヒー…1杯分

コーヒーにおろし生姜を加えてひと混ぜする。

P.8のレシピ

生姜ピーマンみそのキャベツのせ

材料（2人分）

生姜ピーマンみそ（p.56）…適量

キャベツ…3〜4枚

1 キャベツは水につけてパリッとさせ、水気を切り、大きめのざく切りにする。

2 生姜ピーマンみそを1につけていただく。

P.8のレシピ

生姜サワー

材料（1杯分）

生姜【すりおろす】
…小さじ1

すだち…1/2個

焼酎…適量

炭酸水・氷…各適量

1 グラスに生姜を入れ、焼酎を注ぐ。氷を加え、炭酸水を注ぎ入れる。

2 すだちを絞り入れ、ひと混ぜする。

P.8のレシピ

生姜ミンチやっこのせ

材料（2人分）

生姜ミンチ(p.52)
…適量

豆腐…1丁

小ねぎ（小口切り）…少々

しょうゆ…少々

1 豆腐に生姜ミンチをのせ、小ねぎを散らす。

2 しょうゆをたらしていただく。

もくじ

いつでも生姜　おかずの素・万能調味料・漬物

2章

3章

定番料理を生姜でおいしく

本書の使い方

◎生姜はとくに表示のない場合皮付きで使いますが、皮の強い風味や食感が気になる場合などは、好みで皮をむいて使っても大丈夫です。

◎生姜1かけは10g、生姜大1かけは15gです。

◎塩はサラサラとした焼き塩を使用しています。

◎大さじ1は15㎖、小さじ1は5㎖、1カップは200㎖、1合は180㎖です。

◎火加減、温度、調理時間は目安です。

◎だし汁は昆布とかつお節でとったものを使用しています。

◎砂糖はとくに表示のない場合お好みのものを使ってください。

1章

生姜を知る、使ってみる

生姜のこと
どのくらい
知っていますか？

一般に販売されている
根生姜は
大きな株の一部分

生姜の冷蔵保存は
おすすめではない

「新生姜」は寝かせると
「根生姜」になる

本来新生姜の
時期は秋

生姜は根っこではない

生姜はもともと熱帯の植物

生姜の体温め成分は
加熱や乾燥で変化する

生姜の芽に毒はない

←
次のページから
詳しく
知っていきましょう！

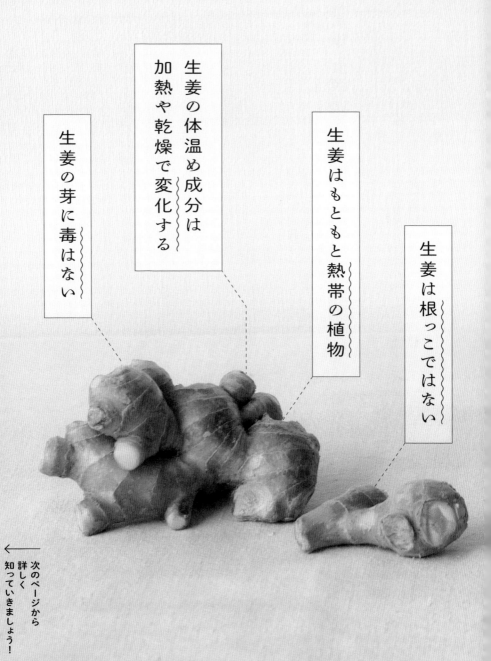

生姜の健康パワー

身近な食材「生姜」に秘められたチカラ

生姜には実に多くの体によい成分が含まれています。インドの伝承医学「アーユルヴェーダ」では万病を治すものとして薬効が認められ、漢方薬では主に使われる薬の7割以上に生姜が含まれていたり。また、アメリカ国立がん研究所による「がん予防の可能性のある食品ピラミッド」のトップ群のひとつに生姜が挙げられています。最近ではアメリカ・ミシガン大学の研究で、生姜の成分によってがん細胞が自滅する「アポトーシス」という現象が誘導されることも報告されました。

生姜の健康作用は非常に多くありますが、そのほとんどが「体を温める」という作用によるもの。生姜に含まれるジンゲロール、ショウガオールという成分にはそれぞれ、末消血管を広げて血流が促進したり、脂肪や糖質の燃焼を促す効果があり、それによって体温が上がるのです。

生姜で体を温めれば免疫力もアップ！

体温が1℃上がると代謝が12〜13%ほど

監修 石原新菜先生（イシハラクリニック副院長）

医師・イシハラクリニック副院長。漢方医学、自然療法、食事療法が得意分野。生姜の健康効果について詳しく、自ら日々食事やドリンクに生姜を取り入れる。同クリニックでの診察の他、講演、テレビ、執筆活動と幅広く活躍。著書に『病気にならない蒸しショウガ健康法』（アスコム）他多数。

根本的な作用

◎血管拡張・血流促進・体温め

辛み成分で血管が広がり血流を促進。血行がよくなり体温が上がる

代表的な関連作用

酵素活性化・免疫力アップ

体温が上がると酵素が活発に働くので、免疫力が上がる

抗ウイルス

白血球の働きがよくなりウイルスや病原菌に対する抵抗力が高まる

血液サラサラ

体温によって代謝が上がり、老廃物が燃えて血液の状態がよくなる

発汗

体温が上がって汗が出ることによって解毒にもつながる

◎殺菌作用

ジンゲロンのみならずジンゲロール、ショウガオールも殺菌作用が

◎抗酸化作用

抗酸化作用によってがん予防やアンチエイジングに役立つ

鎮痛［リューマチ、生理痛、肩こり等］

血流がよくなると生理痛や肩こりなどの痛みがやわらぐ

消化促進

胃腸の内壁の血行がよくなることで消化を助け、栄養の吸収力もアップ

アレルギー改善［花粉症、アトピー等］

免疫力が正常に働き、老廃物を処理。皮膚を修復する力もある

安眠

体温ＵＰの好影響と、シネオールという香り成分によってリラックス

胃の調子を整える

血流が促されると胃の働きが活発に。胃の痛みや吐き気も緩和

駆風（くふう）

胃腸内に溜まったガスの排出を促す。便秘解消にも

気分の落ち込み改善

血の巡りによって「気」の巡りも改善。気分が上がる

抗がん

抗酸化作用により体内の活性酸素が除去され、がんを予防する

上がり、同時に免疫力も30％もアップするといわれています。その理由は、私たちの体内にある酵素の働きがよくなるから。酵素はあらゆる細胞をスムーズに働かせるためのキーマンです。白血球の働きをよくして菌をやっつけたり、食べ物の消化や吸収を促したり。その酵素が最も活発に働く温度は37～40℃。体温が上がると酵素が活性化するので、免疫力がアップするのです。

とくに最近はウイルスの感染予防などで免疫力の強化が叫ばれています。生姜を食べるだけで免疫力がアップするかも？　と考えると、食べない手はないですね。

体温が上がると次々に嬉しい健康効果が現れる

生姜によって体温が上がると、他にも体に嬉しい影響がいくつも現れます。ダイエット効果、老化予防、うつ症状の改善といったものまで。代表的な作用を右にまとめました。

さらに生姜には、強い殺菌作用があるジンゲロン、抗酸化作用のあるポリフェノール、「気」の流れをよくする香りの成分シネオールなど、心身の健康と美容に欠かせないさまざまな有効成分が含まれています。

加熱で変わる生姜成分

生と加熱、それぞれに健康によい作用がある

生の生姜と加熱した生姜、それぞれに違う働きも望めます。

生の生姜に多く含まれる成分はジンゲロールです。血流を促進して体を温めるのは、この成分の働きによるものです。その他、頭痛や吐き気を抑えたり、抗がん効果も報告されています。生特有の辛み成分が白血球の働きを刺激するのも特徴です。

生姜を加熱すると、このジンゲロールの大部分がショウガオールという成分に変化します。コレステロール値を下げたり、血液をサラサラにしたり、解毒作用、抗酸化作用、消化・吸収能力を高める作用があります。

家庭で簡単に作れる「蒸し生姜」のストックを

脂肪や糖質の燃焼によって体温を上げるのはショウガオールの作用です。つらい冷えで悩んでいる方は、こちらを意識的にとるとよいでしょう。

生の生姜はもちろん、「蒸し生姜」を常備しておくのも、いつでも料理やドリンクに使えて便利です。この蒸し生姜は漢方薬では「乾姜《かんきょう》」と呼ばれています。それが家庭でも簡単に作れるのです。

蒸し生姜の作り方

1 生姜は皮付きのまま流水でこすり洗いし、皮の縞模様と平行に1mmの厚さにスライスします。

2 蒸し器の場合：クッキングシートの上に生姜を重ならないように並べ、30分蒸します。生姜を取り出して、新しいクッキングシートやざるなどに並べます。天日干しなら1日、室内干しなら1週間かけて乾かします。

オーブンの場合：耐熱皿またはクッキングシートを敷いた天板の上に生姜を重ならないように並べ、80℃で1時間ほど加熱します。生姜が干からびて茶色になったら取り出します。生姜が冷めたら完成です。

3 密閉容器に入れて保存します。パウダーにする場合はミルやすり鉢などで粉砕します。

※100ｇの生姜を蒸し生姜にすると、およそ10ｇになります。

教えて先生

Q 皮は食べた方がいい？

生姜は皮の下に抗酸化物質のポリフェノールが多く含まれています。皮はむかず、ぜひ丸ごと食べましょう。料理の手間も省けるので一石二鳥です。黒っぽく変色している部分だけをスプーンなどでこそげ取るようにして使います。

Q 1日にどのくらい食べればいい？

生の生姜なら1日20gを目安にしてください。大人の親指2本分ぐらいの大きさです。乾燥したものは重さが10分の1程度になるので2g程度が適量です。だいたい1円玉2個分くらいと覚えておくとよいでしょう。

Q いつ食べるのがいい？

生姜が体を温める効果は3時間程度。あまり長くは続きません。効果を持続させるためには、一度にたくさん食べるより、朝食、昼食、夕食、寝る前など、小分けに摂取するのが理想的です。

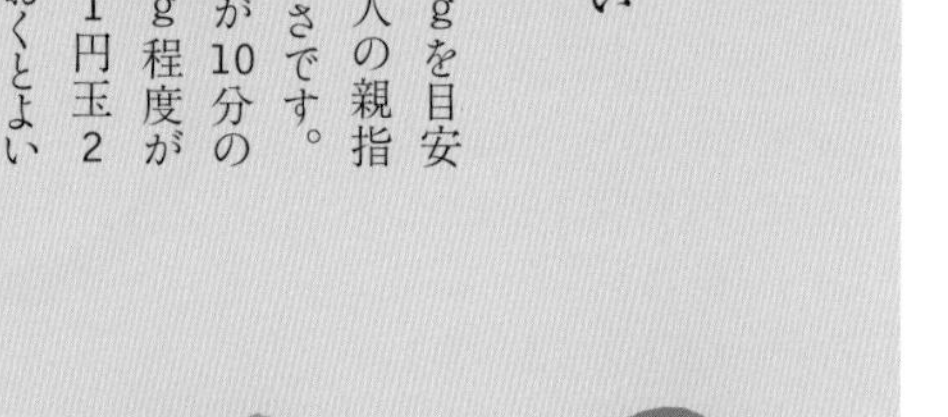

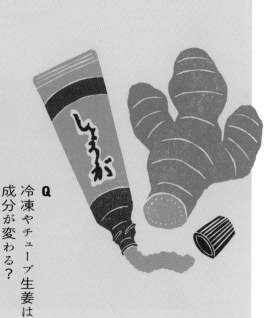

Q 冷凍やチューブ生姜は成分が変わる？

冷凍しても生姜の有効成分は失われません。切ったりすりおろしたりしてから冷凍保存しておくと便利です。ちなみに、酢や黒酢に漬けても日持ちします。チューブの商品も手軽で便利ですが、風味の点ではどうしても生に軍配が上がる気がします。

Q
食べすぎると体に悪い？

アメリカ食品医薬品局によると「生姜は副作用のないハーブ」。たくさん食べても問題ありません。「胃が痛むときは控えるべき?」と心配する人もいますが、漢方では胃薬にも使われています。私（石原新菜）は１日１００ｇほど食べています。

Q
食べる以外には健康的な使い方はある？

湿布や足浴にも使えます。湿布は、生姜のすりおろし１５０ｇをガーゼに包み、２ℓの水に入れて沸騰直前まで温めます（生姜湯）。そこにタオルを浸し、軽く絞って患部にあて、その上にラップ、乾いたタオルの順に置きます。そのまま15分ほど。腰痛などに効果があります。喘息の場合、仰向けで胸に、うつ伏せで背中にと、両方あてるとよいでしょう。

足浴は、洗面器やバケツにお湯を入れ、そこに生姜のスライスか、すりおろしてガーゼで包んだものを入れます。手を浸すのもおすすめです。

Q
新生姜と普通の生姜で効能の違いはある？

新生姜を冷暗所で一定期間保存したものが、一年中流通している生姜（ひね生姜）です。ひね生姜は水分がとんで成分が凝縮する分、濃度は増しますが、効能自体は同じです。

生姜の種類

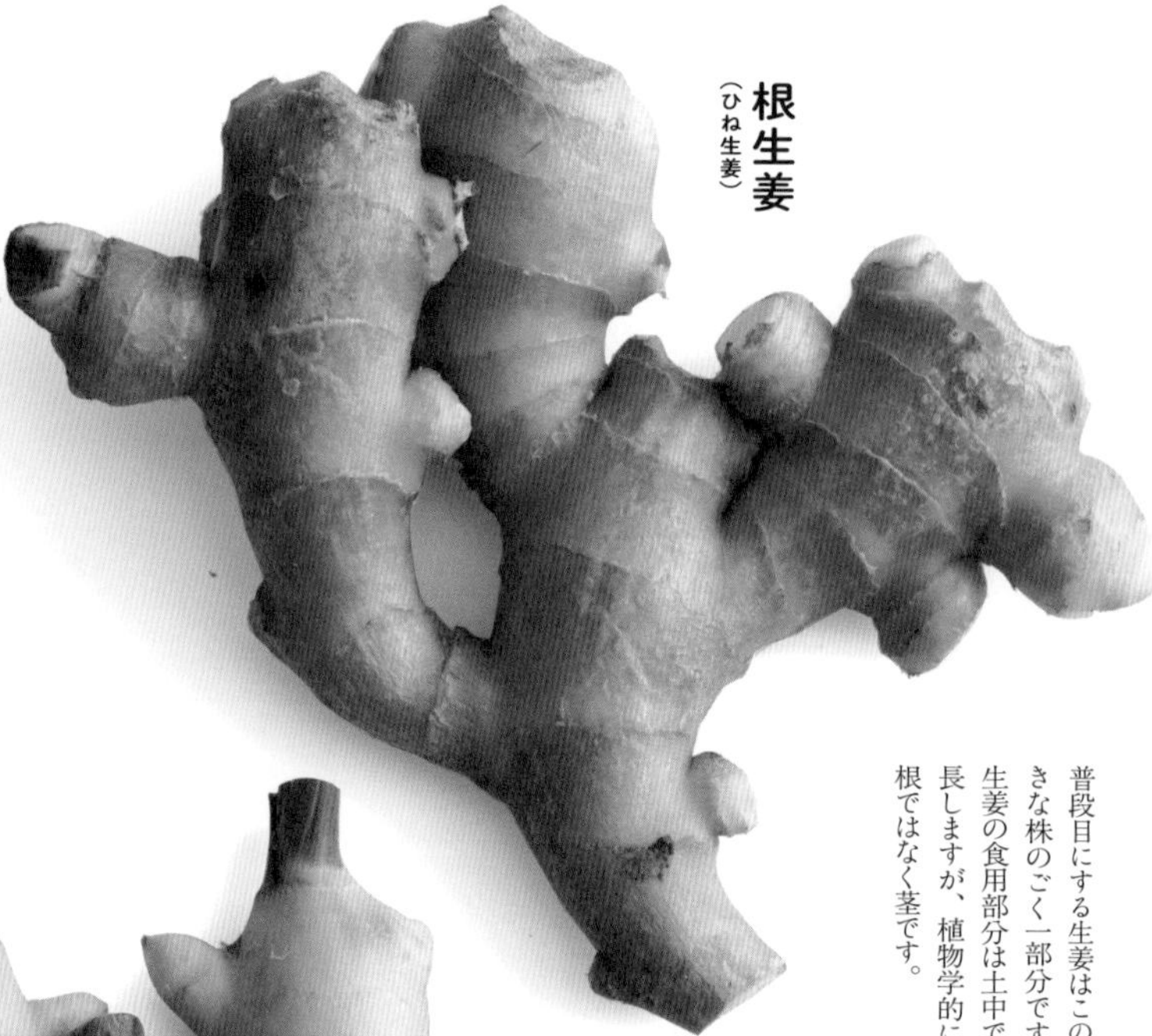

根生姜（ひね生姜）

普段目にする生姜はこの大きな株のごく一部分です。生姜の食用部分は土中で成長しますが、植物学的には根ではなく茎です。

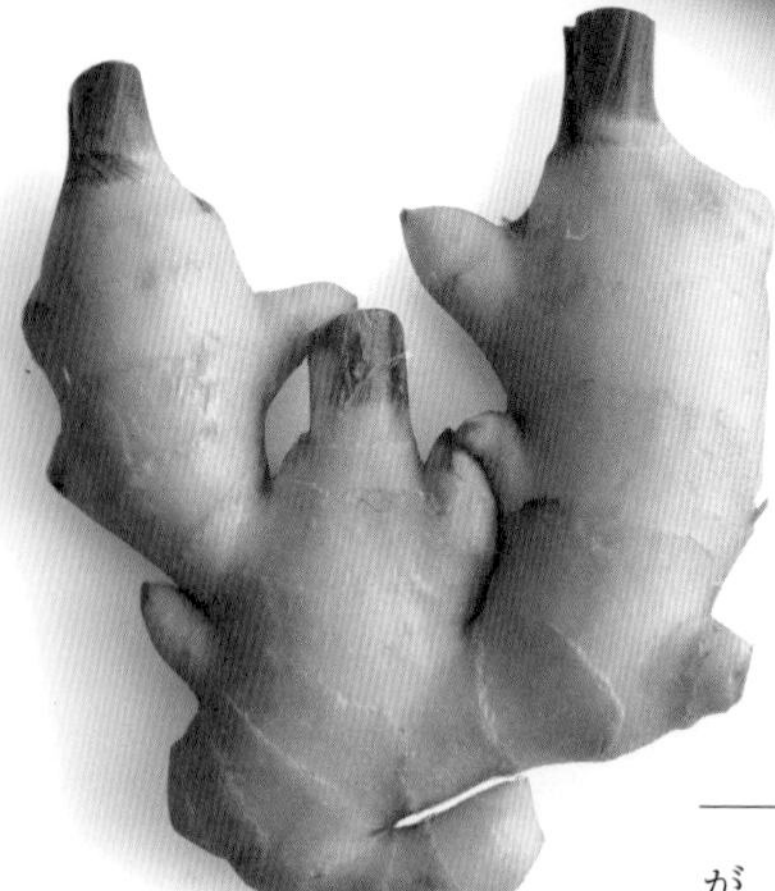

新生姜

普段から目にする茶色の根生姜。スーパーでは手のひらサイズで販売されていますが、これは1kgまでに成長する大きな株のほんの一部です。この大きさゆえ、大生姜に分類されます。貯蔵され、年間を通して流通される大生姜は、国内の生産量の約9割を占め、間違いなく最もポピュラーな生姜です。本書で「生姜」としているのも根生姜です。

6月頃に新生姜として出回る色の白い生姜は、ハウスで促成栽培した大生姜。繊維が少なくみずみずしい食感です。路地栽培の新生姜の収穫は11月頃ですが、こちらは新生姜としてはほとんど出回らず、2か月ほど貯蔵して水分がとび、皮が褐色になったものが根生姜として流通します。つまり、新生姜と根生姜は同じものです。新生姜は若い根生姜ということです。

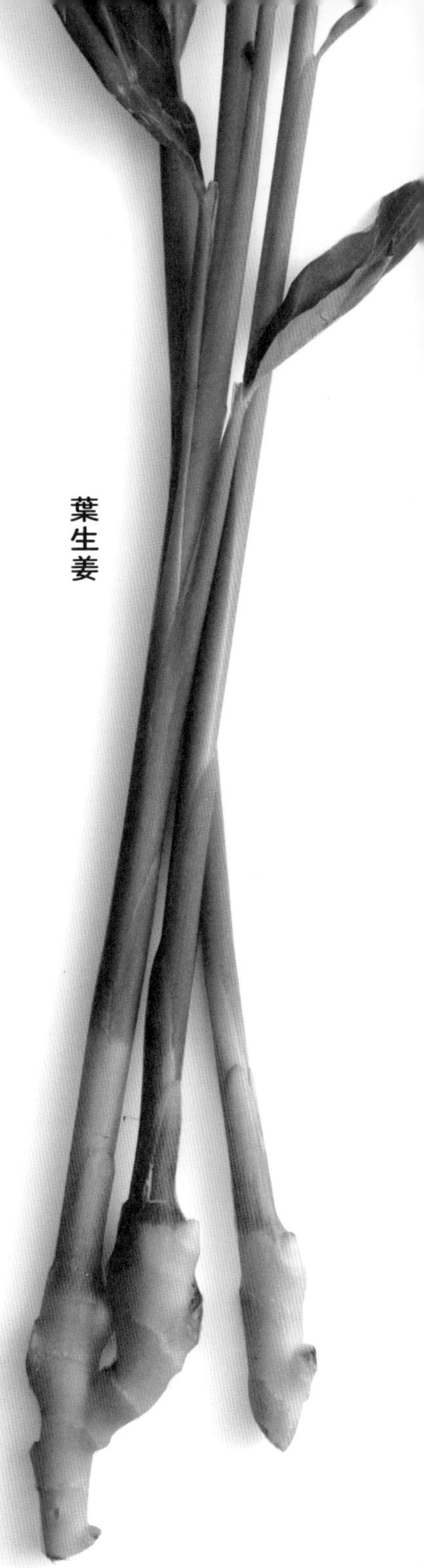

葉生姜

初夏に出回る「季節の風物詩」、葉生姜

小生姜は葉つきで初夏に出回る小さな生姜で、葉生姜として売られています。たとえば「谷中生姜」や「金時生姜」は葉生姜の一種。辛みが強く、小ぶりで品のよい姿は、甘酢漬けにした和食のあしらい「はじかみ」としておなじみですね。ちなみに、谷中生姜の「谷中」は、東京都台東区の地名。谷中で江戸時代からこの生姜が栽培されてきたことに由来します。東京では他にも、あきる野市の生姜祭りでもらい受けた種生姜で昭和初期から小生姜「八王子ショウガ」が作られ、現在もそれに由来する厄除けの「生姜祭り」が行われています。

日本から遥か遠く、インド近くの熱帯アジアが原産といわれている生姜。高温多湿を好むため、日本でも西日本を中心とした温暖な気候の地域で栽培されています。生姜の国内生産量1位は高知県で国産生姜の半量弱。2位は熊本で、千葉県、茨城県、宮崎県などが続きます。最近はチューブの生姜も手軽さから人気がありますが、日本人が古来より食べてきた風味豊かな生の生姜を選んで購入したいものです。

実は兄弟？生姜とみょうが

生姜とみょうが、名前がよく似ていますね。実は、みょうがはショウガ科ショウガ属の近縁種。親戚みたいなものです。同時期に日本に伝来し、どちらも香りが強いので薬味として使われました。当時、香りがより強い方を「兄香（せのか）」、比較的弱い方を「妹香（めのか）」と呼び、それらが訛って「ショウガ」「ミョウガ」になったという説があります（生姜の名前の由来には諸説あります）。

生姜、どう選ぶ？

生姜を選ぶ前に知っておきたいこと

熱帯アジアが原産の生姜が好む温度は15℃、湿度90％です（詳しくはP.36参照）。一方で、スーパーなどの冷蔵棚の温度設定は7℃程度。これは生姜にとっては寒すぎる温度帯なのです。運搬中にも厳しい温度変化にさらされるため、生姜本来の力が失われた生姜が置いてあることもあります。冷蔵棚の奥の最も冷えている場所にある生姜よりも、手前の、温度が高めのところに置いてある生姜の方が元気なこともあります。いつも何気なく選んでいる生姜。正しい知識で賢く選べるようになりたいものです。

生姜ごとの見分け方

根生姜（ひね生姜）

生姜の色が全体的に黄金色で、形がふっくら肉厚、表面につやとハリがあるのがいい生姜です。生姜の形は不揃いですが、形のいびつさは味に影響しないといわれています。切ってみて、切り口が乾燥しておらず、みずみずしければ良品です。

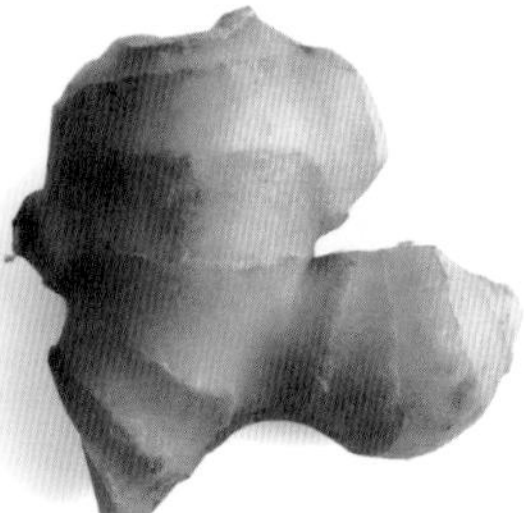

新生姜

色が白く、つやがあって、茎の先が鮮やかな赤色のものが良品です。傷がついているものも避けましょう。

葉生姜

まず葉がしなびておらず、濃い緑色のものを選びましょう。加えて、根の部分が白く、茎の先が赤いかが選定のポイントとなります。茎が太いと繊維質が多くなるため、気になるようでしたら細めのものを選びましょう。

こんな生姜、大丈夫？

スーパーの袋入り生姜、内側に水滴がついているけどＯＫ？

スーパーの冷蔵棚に並んでいる生姜は、ビニール袋に入っていますよね。生姜に含まれている水分が蒸発して、周囲の温度変化で冷えて内側に水滴がつくことがあります。一見生姜にとって悪そうですが、心配はいりません。

乾燥した生姜は品質がよくない？

生姜は乾燥するとみずみずしさやハリが失われます。そのためおろし生姜にはあまり向きませんが、刻んで使う分には問題なし。水分がとんだ分辛みが強くなるので、使う量は注意するとよいでしょう。

購入後しばらくして、生姜が緑になる？

生姜は土の中で育つものですが、まれに土から出たまま成長することがあります。太陽の光によって光合成し、生姜が緑色になると驚きますが、心配はいりません。

生姜から芽が出ることも…

購入後、キッチンなどに置いておいた生姜から芽が出ることがあります。これは、その生姜が「生命力が強い、いい生姜」だったことの証でもあります。腐らず、成長したということです。じゃがいもの芽には天然毒が含まれていて注意が必要ですが、新生姜の芽は食べても問題なく、生姜のような爽やかな風味。芽の部分だけ取って、揚げて食べると絶品ですよ。

今日の料理にはどれを使う？生姜オールスターズ

すりおろし

おろし金に繊維が垂直になるように立ててておろすと、繊維が細かく切れて、おいしいすりおろしになります。よく使う人は、すりおろしたものを冷凍しておくと便利です。

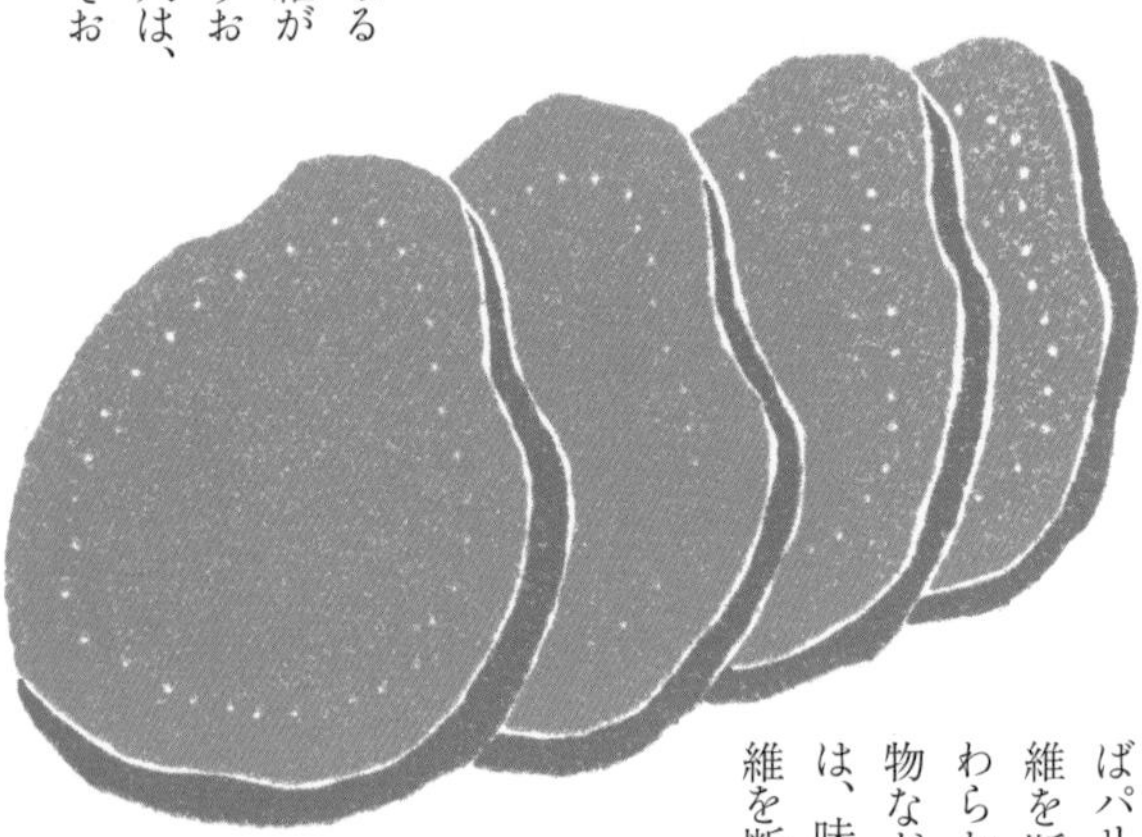

薄切り

せん切り同様、切る方向で食感が変わります。繊維に沿えばパリパリとした食感に。繊維を断てばサクサクとしたやわらかい食感になります。煮物などの臭み消しに使うときは、味が外に出やすくなる「繊維を断つ」方がおすすめ。

潰す

煮込みや炒め物、ドリンクなどに、生姜の風味だけを移したいときは、包丁の腹で潰します。生姜のコブになった部分は大きさもちょうどよく、手でポキッと折って潰して使えます。

せん切り

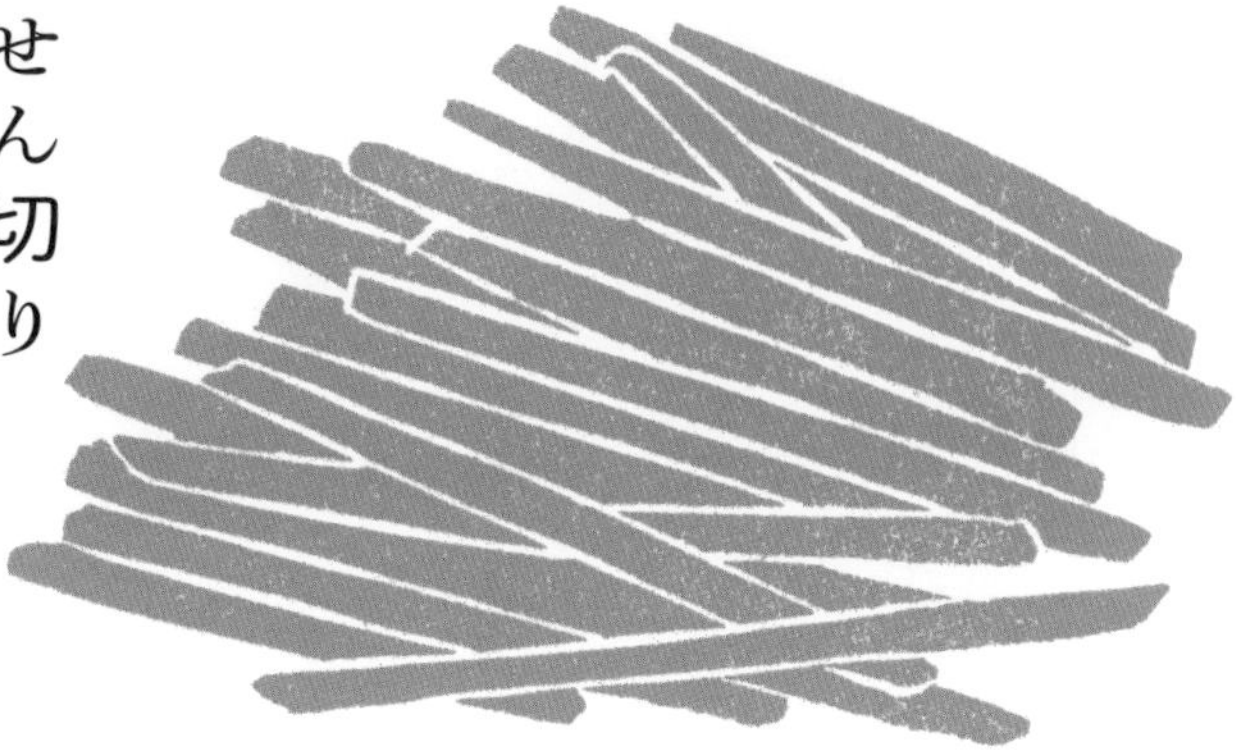

切る方向で食感が変わります。繊維に沿えば舌触りなめらかで、繊細な和食のあしらいにぴったり。繊維を断てば粗さを感じる食感になり、アジア料理との相性アップ。

みじん切り

本書では煮込みやペーストに登場。粗みじん切りにすれば食感が感じられ、噛んだときの風味も強め。逆に細かいみじん切りは、風味の感じ方が穏やかになります。

乾燥

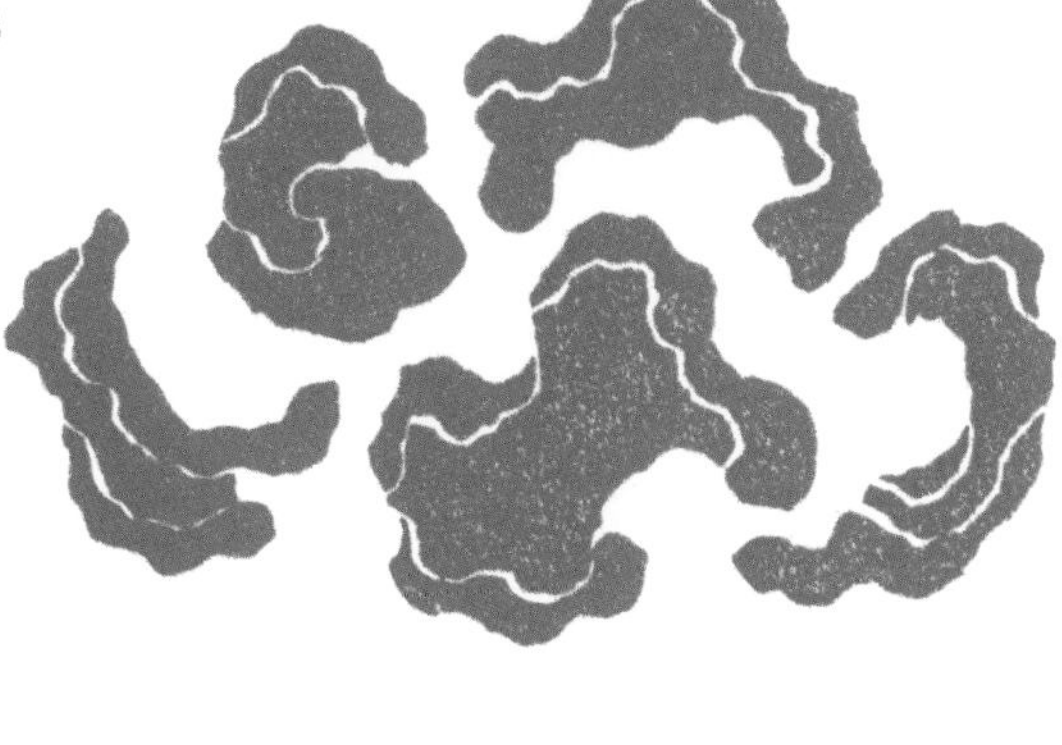

生姜を薄切りにしてカラカラに乾燥させると、長期間保存ができます。煮物やドリンクに入れると、風味がゆっくりと抽出されます。むいた皮も乾燥させて同様に使えるので、無駄になりません。

生姜の扱い方の基本

皮はどうする？

普通はむかずに使う

生姜は皮のすぐ下に芳香成分や栄養が多いので、皮をむかないで利用するのがおすすめ。とくに炒め物や煮込みなどではこの方が、風味がいかせます。黒く変色したところだけスプーンなどでこそげ取りましょう。

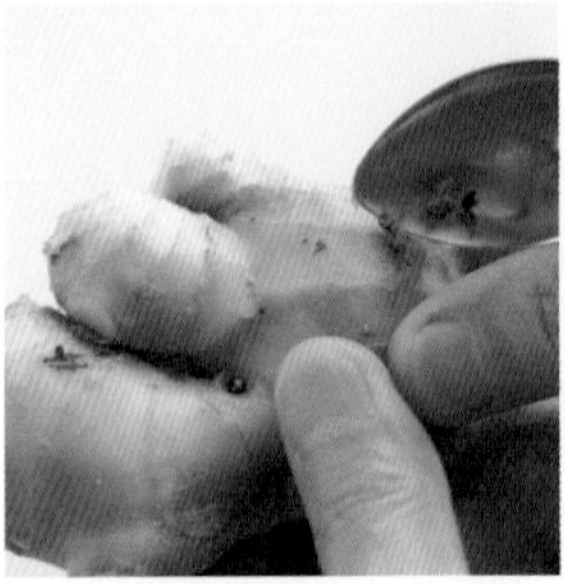

料理によっては厚くむく

和食のお浸しなどのように、繊細な風味を楽しむ料理には、皮の土っぽい香りが邪魔になることも。そのときは包丁で皮を厚めにむいて使います。むいた皮は乾燥させておくと便利。

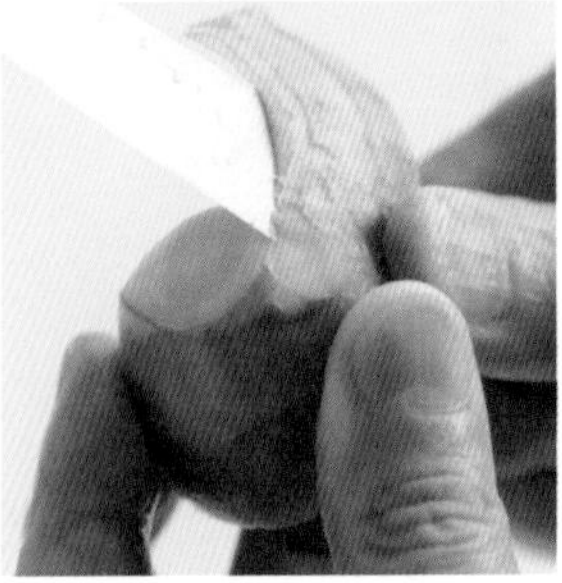

ポイント

生姜ははがねの包丁の金気を嫌うので、切るときはステンレスかセラミックの包丁を使いましょう。形によっては手でパキッと折っても。

生姜一かけとは？

親指の第一関節から上までが一かけ。すりおろすと小さじ2程度です。

乾燥生姜

ざるにのせてカラカラになるまで乾燥させます。乾燥生姜の詳細はP.44へ。

チューブ入りのおろし生姜を使う？

手軽に使えるものの、生の生姜に比べると風味や味が劣ります。チューブ入りのおろし生姜で代用可能な料理もありますが、本書のレシピはぜひ生の生姜で作ってほしいです。

コブはどうする？

ポコポコとした小さなコブは、扱いづらいですよね。気になるコブは手で折ってしまいましょう。

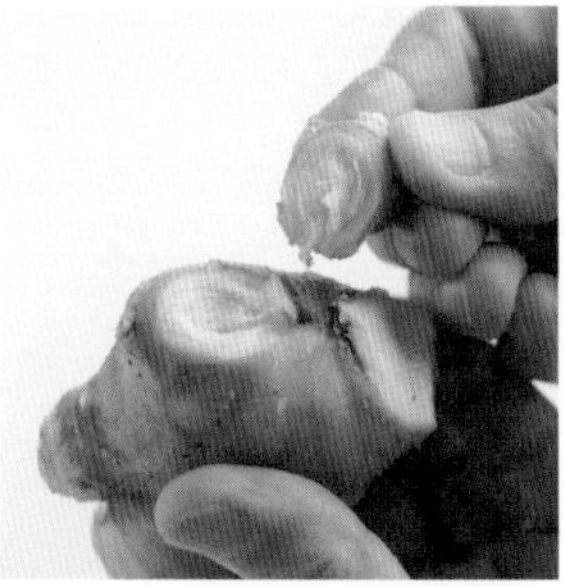

折ったコブは、包丁の腹などで潰して煮物に入れるか、薄切りにして乾燥させると便利です。

どうやって切る？

繊維の方向を見極めて

生姜の表面の縞に対して垂直に繊維が通っています。この縞の方向に垂直に切ることを「繊維に沿う」といい、縞の方向に平行に切ることを「繊維を断つ」といいます。

繊維に対して垂直に切ると、断面に丸いポツポツが見えます。

繊維を断つ

＼生姜の縞と平行／

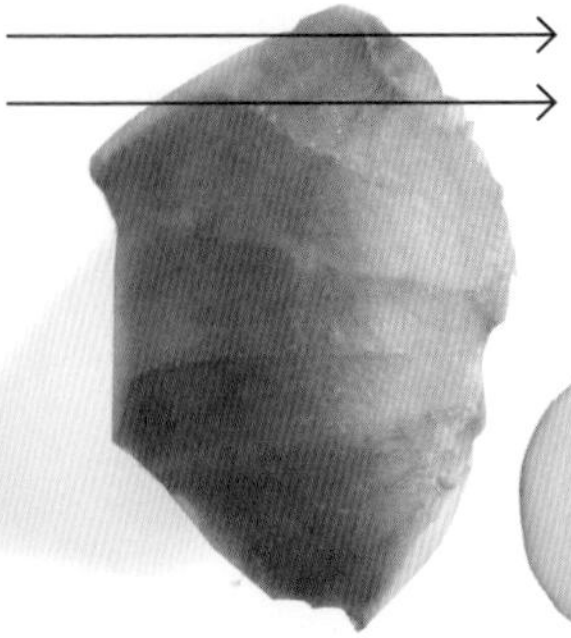

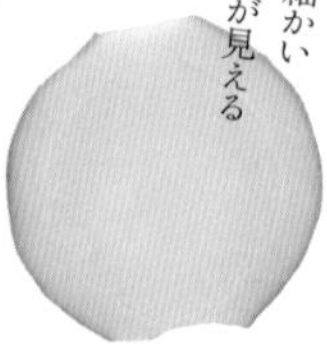

断面に細かいポツポツが見える

繊維に沿った薄切り

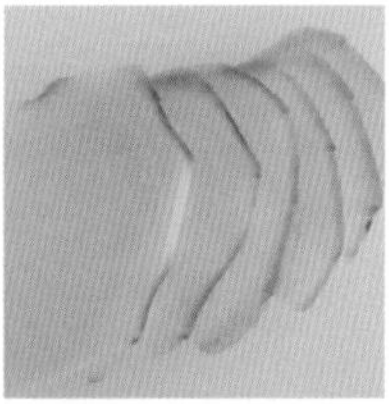

パリパリとした食感になる。漬物などで食感をいかしたいときに。

繊維に沿ったせん切り

切り口がきれいで、食感もよい仕上がり。和食のあしらいなどに。

繊維を断った薄切り

やわらかくなり、味もしみ込みやすい。ジンジャーシロップやコンフィなどに。

繊維を断ったせん切り

表面が毛羽立ち、食感がジャキジャキと粗くなる。アジア料理などに使われることも。

繊維に沿う

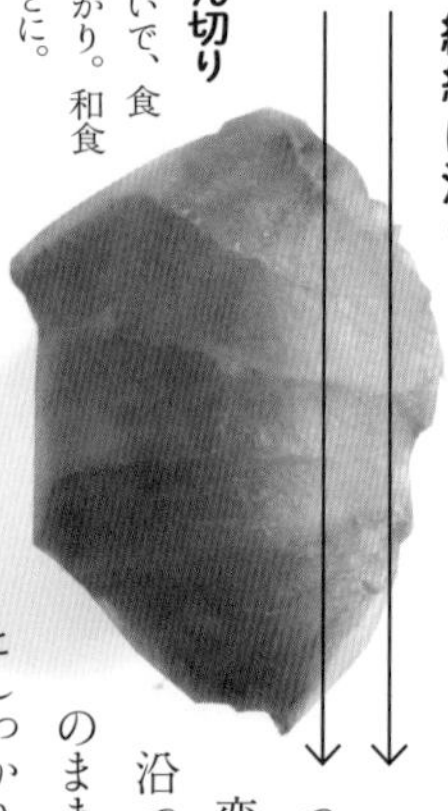

＼生姜の縞に垂直／

生姜は切り方によって食感や味わいが変わります。繊維に沿って切ると繊維がそのまま残るのでパリパリとしっかりとした歯ごたえに。とくにせん切りは繊維に沿った方がきれいに切れます。和食に欠かせない細いせん切り「針生姜」は、繊維に沿って切った後、水にさらすこともあります。繊維を断ち切っていないので、水にさらしても風味が残るのです。

逆に繊維を断つように切ると、食感はサクサクとやわらかくなります。細胞が破壊されることにより、味が入りやすくなります。裏返すと味が出やすいということでもあり、繊維を断つと香りも強く感じられます。魚の臭み消しなどにはもってこいですね。

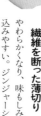

どうやってすりおろす？

アルミ箔を使うと後がラク

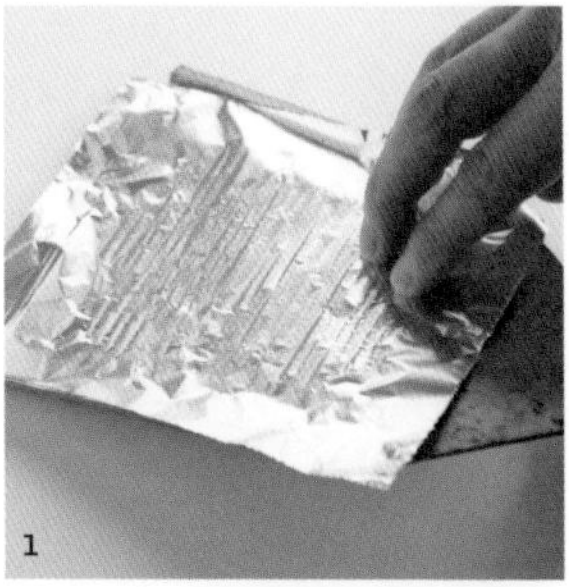
1

2

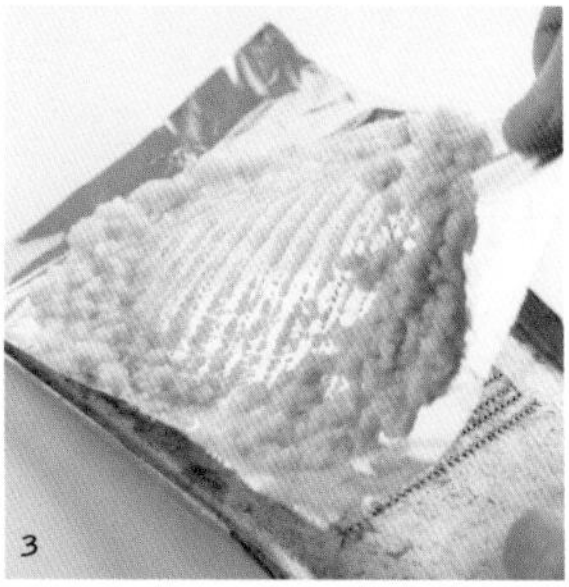
3

1 おろし金をアルミ箔で覆います。おろし金はセラミックよりも金物がおすすめ。

2 生姜の繊維がおろし金に対して垂直になるようにゆっくり円を描きながらおろします。

3 アルミ箔をはがします。繊維も一緒に取れて、おろし金を洗うのがらくちんです。

生姜をすりおろすときも、ポイントになるのは繊維の方向。すりおろすときは、繊維がおろし金に垂直になるように立てると、繊維が短く切れ、ほどよく生姜汁がからんだおろし生姜になります。繊維をおろし金に平行におろすと、長い繊維がおろし金にからまったり、余計な力が必要になったりします。

ポイント

生姜がすりおろしやすいおろし金を探すのもポイント。ここで利用したのは料理好きの間で評判の京都 有次《ありつぐ》のおろし金。

アルミ箔を使わないと繊維がからまってストレスを感じる。

アルミ箔を使わない場合は、竹のささらを使うと便利。

どうやって保存する？

室温・暗所が基本

生姜にとって一番居心地がよいのは温度15℃、湿度90％程度の日光があたらない空間です。輸送時やスーパーの棚では各々の事情等で冷蔵されていることもありますが、実は、冷蔵庫での保存は生姜に向いていません。一般に、春や秋冬は室温保存がおすすめです。ただし、夏には室内が高くなることもあるでしょうし、住環境により温度・湿度はさまざまなため、生姜の冷えすぎと乾燥を防ぎながら、冷蔵庫で保存するのもひとつの方法です。

室温

乾燥させないように保存

◎保存期間　約2週間

生姜の表面を乾かさず、しっとりとした状態でファスナー付きの保存袋に入れ、空気を抜きます。キッチンの暗所に置いておきます。

冷蔵

チラシで包んで冷気から守る

◎保存期間　約2週間

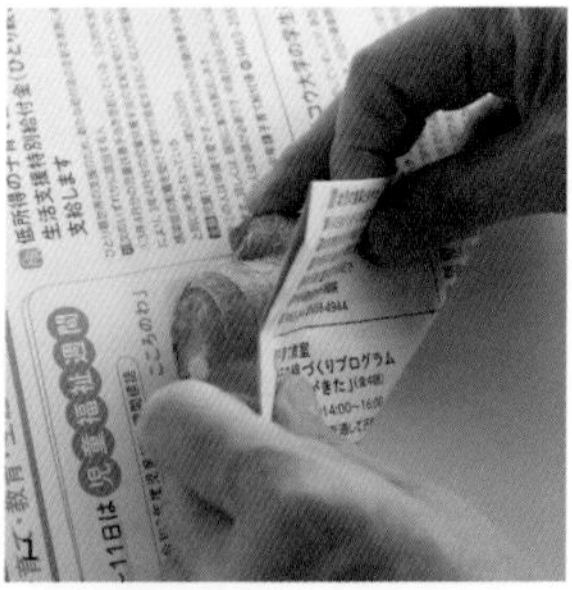

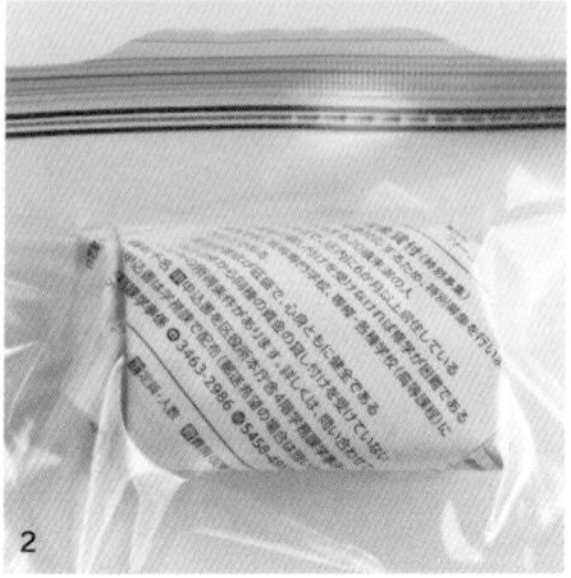

1 生姜を2〜3枚重ねたチラシで包む。生姜と紙の間に少しゆとりができるように。

2 ファスナー付きの保存袋に入れて空気を抜き、口を閉める。野菜室など冷気が弱い場所で保管します。

冷凍

◎保存期間　いずれも1か月程度

小さじに分けて冷凍

すりおろした生姜を小さじ１ずつバットの上にポコポコと置いていきます。そのまま冷凍庫に入れ、凍ったらファスナー付きの保存袋へ。

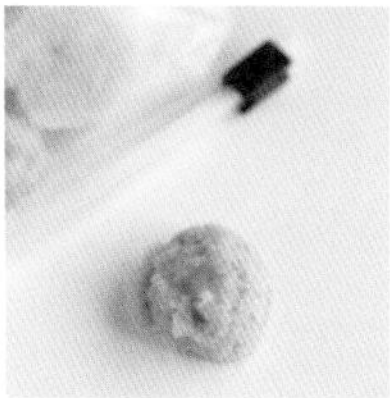

あらかじめ小さじで計っておくので、生姜の量がわかりやすい。必要な個数を取り出して使います。少量をお茶に入れたいときなども、さっと使えて便利。

板状にして冷凍

すりおろした生姜をファスナー付きの保存袋に入れて、空気を押し出して平らにならして冷凍。手で簡単に割って使えます。

目分量や、煮込み料理などにたっぷりと使うことが多い人におすすめの方法。凍った状態で好みの量を割って使います。

薄切りにして冷凍

皮ごと薄切りにし、バットに並べて冷凍庫に入れ、凍ったらファスナー付きの保存袋へ。

丸のままで冷凍

丸ごとファスナー付きの保存袋に入れて冷凍庫へ。少し力が必要ですが、そのまますりおろして使えます。

ジンジャーシロップ

炭酸水で割ればジンジャーエールに。
他にも、ホットケーキや
杏仁豆腐のシロップ、カレー、
中華料理などスパイシーな料理の
隠し味に使ってもおいしい。
生姜はシロップから取り出して
乾燥させれば、お茶請けにぴったりの、
風味豊かなお菓子になります。

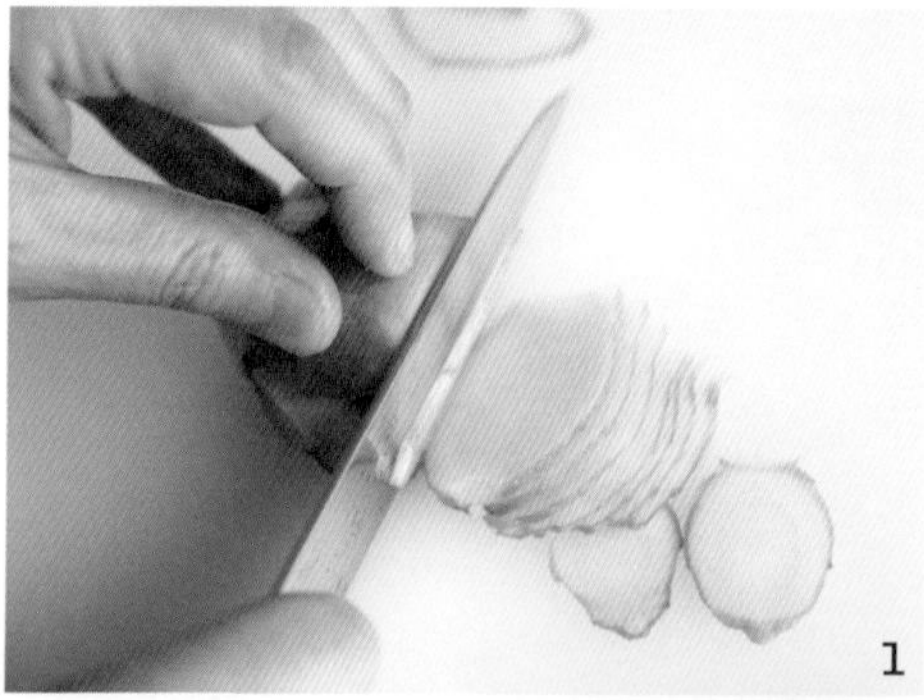

1

2

3

4

ジンジャーシロップの作り方

材料（作りやすい分量／約400mℓ分）

生姜…300ｇ
グラニュー糖…300ｇ
水…300mℓ

1 生姜は繊維を断つように薄切りにする。

2 鍋に生姜とグラニュー糖を入れ、1時間以上常温に置く。

3 生姜の水分が出て、フチがチリチリになったら水を加えて中火にかける。ひと煮立ちしてあくが出てきたら取り、弱火で30分ほど煮る。

4 シロップにつやが出るくらいが煮上がりの目安。ざるで漉し、粗熱が取れたら清潔な保存容器に移して冷蔵庫で保存する。

◎ **保存期間目安1か月**

※お好みでシナモン、クローブなどのホールスパイスを入れて煮たり、仕上げにレモン汁を加えてもおいしい。

生姜チップス

生姜の辛みがピリリときいた、大人のお菓子。
サクサクとした食感で、止まらなくなるおいしさです。

材料

ジンジャーシロップの生姜…適量

グラニュー糖…適量

1 シロップから取り出した生姜をクッキングシートを敷いた天板にのせて100℃のオーブンで20分加熱する。

2 1の生姜にグラニュー糖をまぶしてさらに30分ほど100℃のオーブンで加熱し乾燥させる。

生姜とレモンのコンフィ

レモンと生姜、砂糖を合わせておくだけで、
甘酸っぱいシロップが作れます。
生姜の風味が移ったレモンはそのまま食べても。

材料（作りやすい分量）

生姜…100g
レモン（ノーワックス無農薬のもの）
…2個（200g）
グラニュー糖…200g

1 生姜は皮付きのまま繊維を断つようにして薄切りにする。レモンは両端を2㎝ほど切り落とし、真ん中の部分を2㎜厚さの輪切りにする。

2 煮沸消毒した保存びんに生姜とレモンの輪切り、グラニュー糖を交互に入れる。

3 レモンの両端の部分から果汁を絞り取り、2の上から流し入れる。

4 蓋をして冷暗所に置き、ときどき揺すってグラニュー糖を溶かす。溶けきったらできあがり。冷蔵庫で保存する。

◎ **保存期間目安1か月**

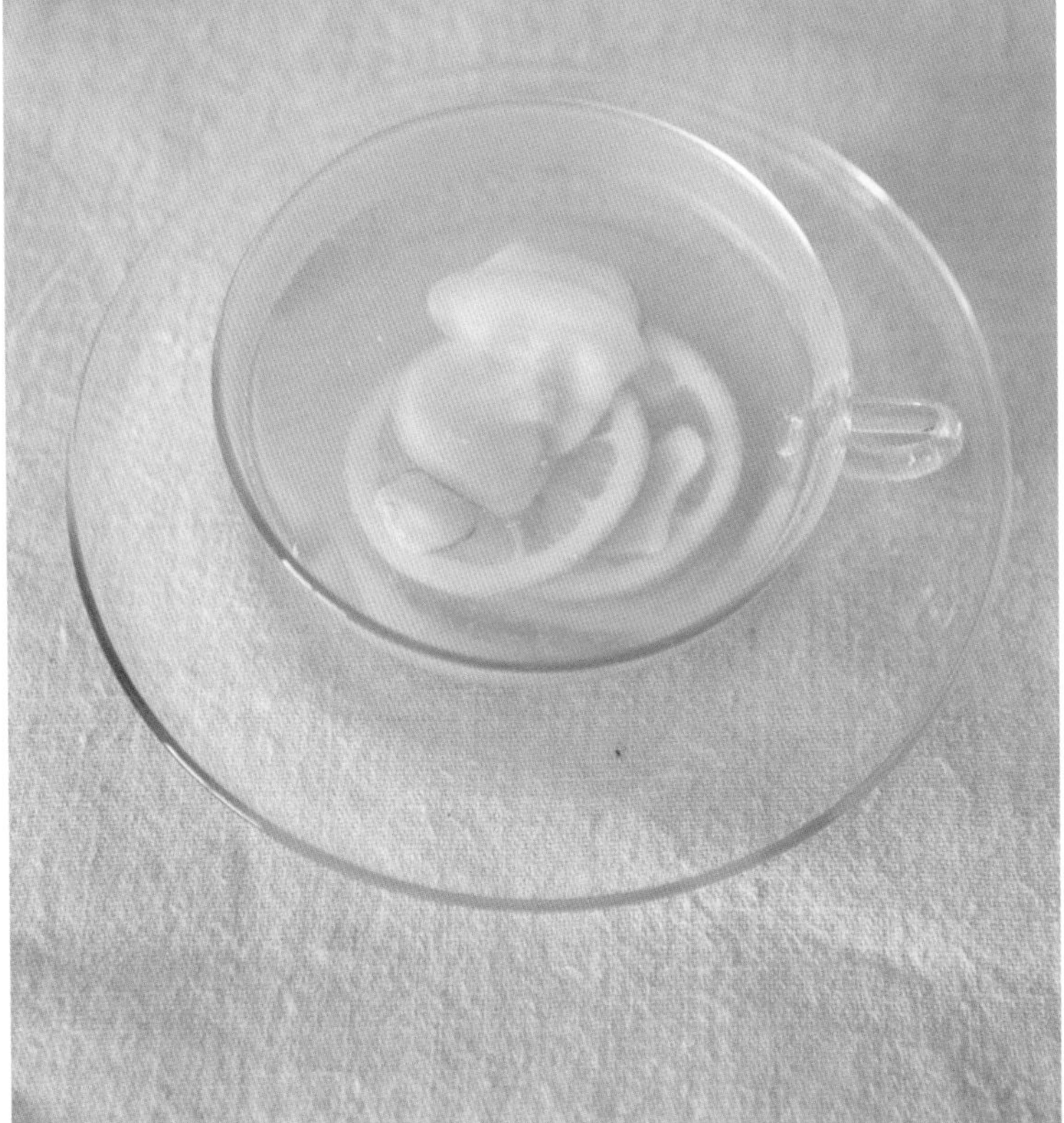

湯や水を注いで
即席ジンジャーレモネード

カップに生姜とレモンのコンフィとシロップを入れ、湯を注げば温かで甘酸っぱいドリンクに。炭酸水や水で割ってもおいしくいただけます。

乾燥生姜の作り方

◎保存期間目安半年

乾燥前

1 生姜を繊維を断つように2㎜程度の薄切りにして、ざるやペーパータオルの上に重ならないように並べる。室内の風通しがいい場所に1週間程度、カラカラに乾燥するまで置いておく。季節や室温、湿度によって日数は変わる。

乾燥後

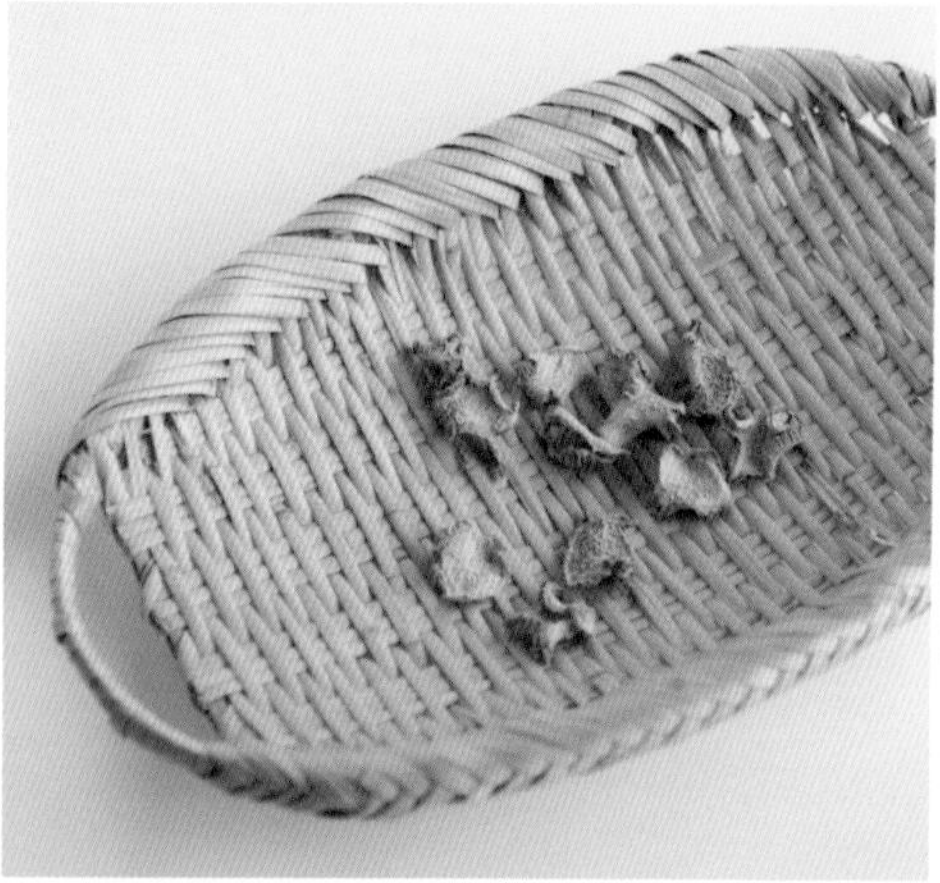

2 乾燥した生姜。すっかり水分がとんで、小さくなる。びんや保存袋など、密閉できる容器に入れて保存。

ポイント

乾燥を早めたい場合は、薄切りにした生姜を重ならないように耐熱皿に並べてラップなしで3分ほど電子レンジ（600W）にかけ、生乾きの状態にするという手も。それから1と同様にカラカラになるまで乾かします。

生姜は90％が水分なので、乾燥させると、10分の1程度に縮みます。厚くむいた皮もびっくりするくらいに縮みますが、保存に場所をとらないのは嬉しいですね。乾燥させた生姜は、水や湯につけるとゆっくりと戻り、味もじんわりと溶け出していきます。お茶の他、シンプルなスープやフルーツのコンポートなど、グラグラと煮るのではなくゆっくりと加熱する料理やデザートに使うとよいでしょう。一番手軽な使い方は、乾燥生姜の白湯。朝起きたら湯呑に乾燥生姜を入れて、熱いお湯を注いで蓋をしておきます。顔を洗ったり、身支度をしたりしているうちにちょうどよく風味が出て、飲みやすい温度になります。

生姜梅番茶

材料（1杯分）

乾燥生姜※…1〜2枚
梅肉を取った後の梅干しの種
…1個
番茶…1カップ
※生の生姜でもOK。

1 温めたカップやポットに乾燥生姜と梅干しの種を入れ、熱い番茶を注ぐ。

2 蓋をして10〜20分おいてから飲む。

乾燥生姜皮と鶏肉、干し椎茸のスープ

材料（作りやすい分量）

乾燥生姜皮…4〜5枚
干し椎茸…2枚（6g）
鶏手羽先…5本
長ねぎ…20㎝
水…1ℓ
酒…1/4カップ
塩…小さじ1
粗びき黒こしょう…少々

1 鍋に乾燥生姜皮、干し椎茸、水を入れ、椎茸が戻るまでおく。戻ったら石突きを落とす。

2 鶏手羽先は粗塩（分量外）を揉み込んでから水洗いする。

3 長ねぎは4等分にして、両側に斜めに細かく切り込みを入れる。

4 1に2と3、酒と塩を入れて火にかけ、あくが出たら取る。

5 蓋をずらしてのせ、ごく弱火で1時間ほど煮る。器に盛り、こしょうをかける。

りんごのジンジャーコンポート

材料（作りやすい分量／4人分）

りんご（ふじ）…2個（640g）

乾燥生姜皮…4〜5枚

A 白ワイン…1カップ
水…2カップ
グラニュー糖…150g
レモン汁…大さじ2
シナモン…小指の第一関節ぐらいの大きさ
カルダモン…2〜3個

1 りんごはきれいに洗って皮をむき、縦半分に切って芯をくり抜く。

2 鍋にAの材料を入れてひと煮立ちさせ、グラニュー糖が溶けたらりんごと乾燥生姜皮を入れる。

3 厚手のペーパータオルかクッキングシートで落し蓋をして弱火で15分ほど煮る。串を刺してみて、少し抵抗が残るぐらいの煮え具合で火から下ろし、粗熱が取れるまでおく。

4 清潔な保存容器に移して冷蔵庫で冷やす。

生姜屋さんコラム

生姜の呼び方いろいろ

生姜は栽培・収穫の仕方と、大きさなどによって、複数の呼び名があります。

　一般的に秋に収穫されますが、採れたてのものを「新生姜」、一定期間寝かせたものを「根生姜」や「ひね生姜」といいます。時間がたつことで呼び方が変わるなんておもしろいですね。根生姜は生産者の間では「かこい」といったり、消費者の間でたまに「なま生姜」と呼ばれることもあります。

　同じ生姜でも、小指くらいの大きさで収穫したものが「葉生姜」です。「谷中生姜」はその代表。名前の通り、葉が付いています。

　昔は、生姜やわさび、山椒などの辛いものの総称が「はじかみ」でした。現在、和食の焼き魚に添えられる「はじかみ」には、葉生姜が使われることが多いです。

　また、大きさによっても分類されます。新生姜のほとんどは「大生姜」、葉生姜は「小生姜」、さらに漬物などに使用される「中生姜」もあります。

2章

いつでも生姜おかずの素・万能調味料・漬物

WECK®
Frischhaltedeckel

生姜たっぷりおかずの素

その日あるものに、のせるだけ、
混ぜるだけで一品作れるおかずの素。
そのつど生姜を「おろす」「切る」手間も省けます。

おかずの素

生姜ミンチ

たっぷりの生姜のせん切りを
豚ひき肉と炒めて
シンプルに酒としょうゆで調味。
冷やっこにのせたり、煮物、
野菜炒め、混ぜめんに入れれば
手軽に風味豊かなボリューム料理に。
そのままごはんにのせて「おとも」にも。

材料（作りやすい分量）

生姜【せん切り】…100g
豚ひき肉…500g
サラダ油…大さじ1
A　砂糖…大さじ1
　酒…大さじ2
　しょうゆ…大さじ3

1 フライパンにサラダ油と生姜を入れて弱火にかけ、香りが立ってきたらひき肉を加え、中火でほぐしながら炒める。

2 ひき肉がほぐれて色が変わってきたらAを加え、火を少し強めて炒めながら水分をとばす。

3 肉から澄んだ脂がしみ出してきたら火から下ろす。粗熱を取り、清潔な保存容器にすき間ができないように詰めて冷蔵庫で保存する。
※表面に空気を抜くようにラップで落し蓋をしておくと保存性が高まります。

◎ **保存期間目安2週間**

生姜ミンチのサラダごはん

材料（2人分）

生姜ミンチ（上記）…100g
レタス…4枚
セロリ…1/2本
赤玉ねぎ…1/8個
みょうが…1個
パクチー …2株
ピーナッツ（粗く刻む）…大さじ2
温かいごはん…茶碗2杯分
A　ナンプラー…大さじ1
　レモンの絞り汁…大さじ1
　水…大さじ1
　砂糖…小さじ1〜2
　サラダ油…小さじ2
　赤唐辛子（みじん切り）※…1/2本分
　粗びき黒こしょう…少々
※一味唐辛子少々でもOK。

生姜ミンチ肉じゃが

材料（4人分）

- **生姜ミンチ**（右記）…1カップ
- 玉ねぎ…1個
- じゃがいも…3個（450g）
- さやいんげん…12本
- A しょうゆ…大さじ3
  酒…1/2カップ
  砂糖…大さじ1

1 玉ねぎは12等分のくし形切り、じゃがいもはひと口大、さやいんげんは3〜4cm長さに切る。

2 厚手の鍋に玉ねぎ、じゃがいも、生姜ミンチの順に重ね入れ、Aの材料を加えて中火にかける。

3 煮汁がふつふつとしてきたら、蓋をして弱火で5分ほど煮る。ざっくりとかき混ぜ、再び蓋をして10分ほど煮る。

4 さやいんげんを加えて混ぜ、蓋をして10分ほど煮る。蓋を取って火を強め、底からかき混ぜながら、好みの味の濃さになるまで煮詰める。

1 レタスは1cm幅の食べやすい長さに切る。セロリは縦半分に切り、斜め薄切りにする。赤玉ねぎは縦に薄切り、みょうがはせん切り、パクチーはざく切りにする。

2 Aの材料は混ぜ合わせておく。

3 器にごはんをよそい、1と生姜ミンチを彩りよくのせる。2を大さじ1〜2杯回しかけ、ピーナッツを散らす。よく混ぜていただく。

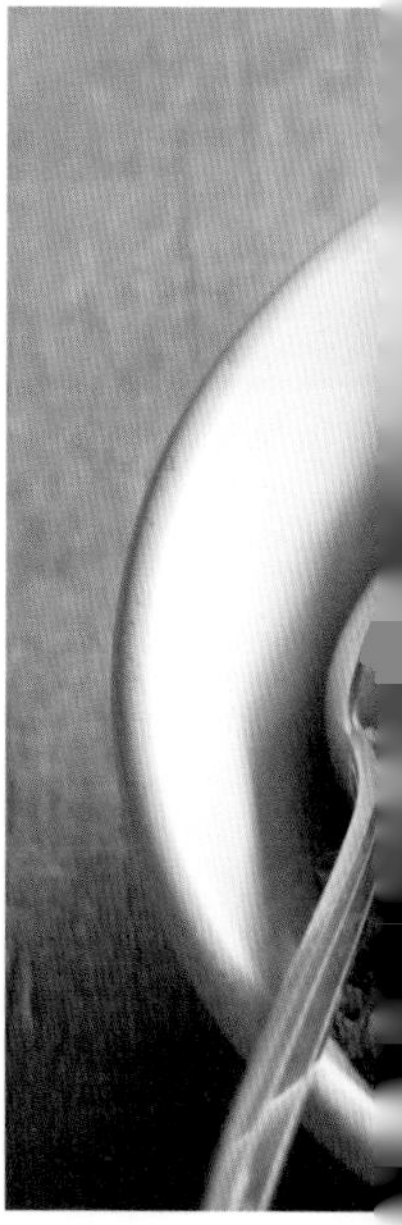

おかずの素

生姜きのこ

ツルツルとしたのどごしで、噛めば爽やかな生姜の香り。昆布のうまみもきいていて、暑い日や、さっぱりとしたものが食べたいときにもぴったりです。ごはんにかけたり、大根おろしにのせたりするのもおすすめ。

材料（作りやすい分量）

生姜【せん切り】…50g
椎茸、しめじ、えのき茸
…合わせて500g
しょうゆ…1/4カップ
A 酒…1/2カップ
みりん…1/2カップ
昆布（5cm四方）…2枚

1 椎茸、しめじ、えのき茸は石突きを切り落とす。椎茸は5mm幅の薄切りにし、しめじはほぐし、えのき茸は半分の長さに切る。

2 鍋にAの材料を入れて1時間ほどおき、やわらかく戻った昆布を取り出してせん切りにし、鍋に戻す。

3 2を中火でひと煮立ちさせ、しょうゆ、生姜、1を加える。沸いたら蓋をして弱火で5分煮る。

4 全体をひと混ぜし、再び蓋をして弱火で7〜8分煮て、煮汁にとろみがついてきたら火から下ろす。粗熱を取り、清潔な保存容器に入れて冷蔵庫で保存する。
※表面に空気を抜くようにラップで落し蓋をしておくと保存性が高まります。

◎ **保存期間目安2週間**

ぶっかけうどん

材料（2人分）

生姜きのこ（上記）…3/4カップ
大根おろし
…1/2カップ（汁気を軽く切ったもの）
小ねぎ（小口切り）…大さじ2
みょうが（せん切り）…1/2個分
白ごま…少々
しょうゆ…適量
うどん…2玉

1 うどんはゆでて冷水で締め、水気をしっかり切って器に盛る。

2 生姜きのこ、大根おろし、小ねぎ、みょうがをのせ、白ごまを散らす。

3 しょうゆを回しかけ、よく混ぜていただく。

きのこ汁

材料（2人分）

生姜きのこ（右記）
…1カップ

大根…1.5㎝
長ねぎ…6㎝
油揚げ…$^{1}/_{2}$枚
水…300㎖
しょうゆ…適量
七味唐辛子…お好みで少々

1 大根は5㎜厚さのいちょう切り、長ねぎは1㎝幅のぶつ切り、油揚げは短冊切りにする。

2 鍋に生姜きのこ、大根、長ねぎ、水を入れて中火にかけ、ひと煮立ちしたら弱火で大根がやわらかくなるまで煮る。

3 油揚げを加え、しょうゆで味をととのえる。お好みで七味唐辛子をかける。

おかずの素

生姜ピーマンみそ

相性のよいみそとピーマンを甘辛く炒めた、ごはんやお酒に合う「食べるみそ」。生姜の辛みと香りがアクセントになり、作り置きでも風味よくいただけます。豆腐やもやしなど、淡白な素材とよく合います。

材料（作りやすい分量）

生姜【せん切り】…50g
ピーマン…5個（200g）
サラダ油…大さじ1
A　みそ…150g
　　酒…大さじ2
　　砂糖…大さじ3
ごま油…小さじ1
白ごま…小さじ2

1 ピーマンは縦半分に切ってヘタと種を取り、繊維を断つように3㎜幅に切る。

2 Aの材料は混ぜておく。

3 鍋にサラダ油と生姜を入れて弱火で炒め、香りが立ってきたら1を加えて中火で炒める。

4 ピーマンがしんなりしてきたら2を加え、ふつふつとしてきたら火をやや弱めて5〜6分かけて練り上げる。

5 ぽってりとしてきたらごま油、白ごまを混ぜ込む。粗熱が取れたら清潔な保存容器に入れ、冷蔵庫で保存する。
※表面に空気を抜くようにラップで落し蓋をしておくと保存性が高まります。

◎ **保存期間目安2週間**

焼き厚揚げ

材料（2人分）

生姜ピーマンみそ（上記）…適量
厚揚げ…1枚
長ねぎ（小口切り）…適量
一味唐辛子…お好みで少々

1 厚揚げは魚焼きグリルかフライパンで表面をこんがりと焼く。4等分に三角に切り、器に盛る。

2 1に生姜ピーマンみそをのせ、長ねぎを散らし、お好みで一味唐辛子をかける。

肉ともやし炒め

1 豚肉は食べやすい大きさに切る。

2 Aの材料は混ぜておく。

3 フライパンにサラダ油を中火で熱し、1を炒める。焼き色がついて脂が出てきたらもやしを加えて強火で炒める。

4 もやしの表面に透明感が出てきたら、2を加えて炒める。

5 みその香ばしい香りがしてきたら、ごま油を回し入れる。器に盛り、お好みで一味唐辛子をかける。

材料（2人分）

豚バラ薄切り肉…120g
もやし…1袋（200g）
サラダ油…少々
A **生姜ピーマンみそ**（右記）
…大さじ2と1/2
酒…大さじ1
みりん…小さじ1
ごま油…小さじ1/2
一味唐辛子…お好みで少々

おかずの素

生姜の塩つくだ煮

生姜の爽やかな風味がストレートに味わえる塩味のつくだ煮です。

おにぎりに混ぜたり、野菜と一緒に和え物にしたり。

ごまも入って風味が豊かなので、料理の味がちょっと足りないな、というときに加えるのもいいですね。

材料（作りやすい分量）

生姜…100g
かつお節…1パック（1.5g）
白ごま…大さじ1
A　酒…1/4カップ
　砂糖…大さじ1
　塩…小さじ1弱
　みりん…大さじ1と1/2

1 生姜は皮をむき、繊維を断つように薄切りにしてからせん切りにする。

2 1をたっぷりの湯で2分ほどゆで、水にさらす。食べてみて辛いようであればもう一度ゆでる。

3 水気をぎゅっと絞ってAとともに鍋に入れ、中火にかける。煮立ったら、火を少し弱めて煮汁を含ませるように炒り煮にする。

4 煮汁がほとんどなくなったら、かつお節と白ごまを加えて混ぜ合わせる。粗熱を取り、清潔な保存容器に入れて冷蔵庫で保存する。
※表面に空気を抜くようにラップで落し蓋をしておくと保存性が高まります。

◎ **保存期間目安3週間**

きゅうりとわかめの酢の物

材料（2人分）

きゅうり…1本
わかめ（塩蔵）…10g
A　**生姜の塩つくだ煮**（上記）
　…大さじ1と1/2
　酢…小さじ2
　水…大さじ1

1 きゅうりは薄切りにして塩小さじ1/2（分量外）をまぶしてしばらくおく。しんなりしたら水でさっと塩を流し、さらしやペーパータオルに包んでぎゅっと押さえて水気を取る。

2 わかめは塩を洗い流してから水で戻し、食べやすい長さに切る。

3 ボウルにAを入れて混ぜ合わせ、1と2を入れて和える。

生姜とじゃこの焼きめし

材料（2人分）

生姜の塩つくだ煮（右記）
…大さじ2
ちりめんじゃこ…20g
長ねぎの青い部分…10cm
温かいごはん…茶碗2杯分
しょうゆ…少々
サラダ油…小さじ2

1 長ねぎの青い部分はみじん切りにする。

2 フライパンにサラダ油を中火で熱し、ちりめんじゃこと1を炒める。

3 ごはんと塩つくだ煮を加え、ぱらりとなるまで炒め、しょうゆで味をととのえる。

おかずの素

ジンジャーナッツペースト

マイルドなくるみのペーストが、生姜のフレーバーと刺激でメリハリのある味に。
お好みで砂糖を加えて「くるみ和え」のように和え衣にしたり、ピーナッツバターのようにパンのスプレッドにしても。

材料（作りやすい分量）

生姜【皮つきのまま粗みじん切り】…80g
くるみ（ロースト）…100g
塩…小さじ1（6g）
サラダ油…大さじ5

1 すべての材料を合わせてフードプロセッサーにかけてペースト状にする。清潔な保存容器に入れ、冷蔵庫で保存する。
※表面に空気を抜くようにラップで落し蓋をしておくと保存性が高まります。

◎ **保存期間目安冷蔵で1か月、冷凍で2か月**

ジンジャーナッツクリームパスタ

材料（2人分）

ジンジャーナッツペースト（上記）…大さじ3
スパゲッティ…160g
ベーコン（短冊切り）…30g
バター…20g
生クリーム（乳脂肪分35%）…1/2カップ
パルミジャーノチーズ…適量
粗びき黒こしょう…少々
イタリアンパセリ（みじん切り）…少々
EXVオリーブ油…小さじ2
塩…適量

ジンジャーナッツ棒々鶏

材料（2人分）

ゆで鶏（左記参照）…1/2枚
トマト…小1/2個
きゅうり…1/2本
たれ
　ジンジャーナッツペースト（右記）…大さじ2
　長ねぎ（みじん切り）…大さじ2
　しょうゆ…小さじ2
　砂糖…小さじ1
　酢…小さじ1
　豆板醤…小さじ1/2
　ごま油…小さじ1

1 たれの材料は混ぜ合わせておく。

2 ゆで鶏は7〜8㎜厚さのそぎ切り、トマトは縦に薄切り、きゅうりは食べやすい長さのせん切りにする。

3 器に2を盛り合わせ、ゆで鶏に1をかける。

ゆで鶏

材料（作りやすい分量）

生姜の皮…3〜4枚
鶏もも肉…1枚（300ｇ）
A　塩…小さじ1
　　酒…小さじ1
長ねぎの青い部分…1本分
水…800㎖

1 鶏肉は余分な脂を取り除き、Aの材料を揉み込んで冷蔵庫で1時間ほどおく。

2 鍋に水、長ねぎ、生姜の皮を入れて強火にかけ沸騰させる。

3 1をさっと水で洗い、2に皮を下にして入れ、再沸騰したら水面がゆらゆらするぐらいの火加減で5分、裏返してさらに2分ゆでて、火から下ろして粗熱を取る。鶏肉のみゆで汁につけて冷蔵庫で保存。

◎ **保存期間目安4〜5日**

1 水3ℓに対して塩大さじ2を加えて沸かし、スパゲッティをゆで始める。ゆで時間は商品表示より1分ほど短めにする。

2 フライパンにベーコンとジンジャーナッツペーストを入れ、弱火でベーコンの脂が出てくるまで炒める。バターと生クリームを加え、混ぜながらとろみがつくまで中火で煮る。

3 2に1のゆで汁1/2カップを加えて溶きのばし、ゆで上がったスパゲッティを加える。

4 フライパンを揺すりながらスパゲッティに汁を吸わせ、好みのかたさになるまでゆで汁を加えて調整し、塩で味をととのえる。

5 器に盛り、パルミジャーノチーズ、こしょう、イタリアンパセリをふり、EXVオリーブ油を回しかける。

生姜の万能調味料

かけるだけ、のっけるだけで、いつでも生姜が楽しめる。まいにちの食事を手軽においしく楽しくする、生姜たっぷりの万能調味料です。

食べる生姜ラー油

生姜が具のようにたっぷり入った爽やかラー油

材料（作りやすい分量）

生姜【みじん切り】…80g
長ねぎ（みじん切り）
…大さじ2強
韓国産粗びき赤唐辛子
…大さじ2
酒…小さじ2
砂糖…小さじ1
塩…小さじ3/4
白ごま…小さじ2
ごま油…大さじ3
サラダ油…1/2カップ

※辛みをプラスしたければプロセス1で一味唐辛子をお好みの量加えてください。

1 耐熱ボウルに赤唐辛子を入れ、酒をかけて湿らせる。

2 鍋にごま油を熱し、薄く煙が立ったら1のボウルに注ぐ。手早くかき混ぜる。

3 鍋にサラダ油、生姜、長ねぎを入れて中火にかける。じゅわじゅわとし始めたら弱火にし、焦げつかないように混ぜながら生姜とねぎの水分をとばす。

4 薄く色づいてきたら2のボウルに加え、砂糖、塩、白ごまを加えて混ぜ合わせる。

5 粗熱が取れたら、煮沸消毒したびんに入れて冷蔵庫で保存する。

◎ **保存期間目安3か月**

生姜みそ

ごまが入った
アジアンテイストのトッピングみそ

材料（作りやすい分量）

生姜【すりおろす】
…大さじ1と1/2
みそ…100g
すり白ごま…大さじ1
砂糖…大さじ1
ごま油…小さじ1/2

材料をすべて混ぜ合わせる。清潔な保存容器に入れて冷蔵庫で保存する。

◎ **保存期間目安1か月**

フライドジンジャー

丼物、めん類、和え物に自由にトッピング

材料（作りやすい分量）

生姜【せん切り】
…200ｇ

サラダ油…1カップ

サラダ油を低温（160℃程度）に熱し、せん切りにした生姜をほぐしながら入れる。ときどき混ぜながら焦がさないように揚げる。カリカリに揚がったら、引き上げて油をよく切り、冷めたら清潔な保存容器に入れ、冷蔵庫または冷凍庫で保存する。

◎　**保存期間目安冷蔵で10日、冷凍で1か月**

※揚げた油は生姜風味のオイルとして使えます。ラー油作りに使っても。

生姜ねぎしょうゆ

生姜とねぎの風味に、かつお節のだしもきいたうまみしょうゆ

材料（作りやすい分量）

生姜【すりおろす】
…大さじ3

長ねぎ（みじん切り）…大さじ3

かつお節…2パック（3g）

しょうゆ…大さじ4

材料をすべて混ぜ合わせる。清潔な保存容器に入れて冷蔵庫で保存する。

◎　**保存期間目安1か月**

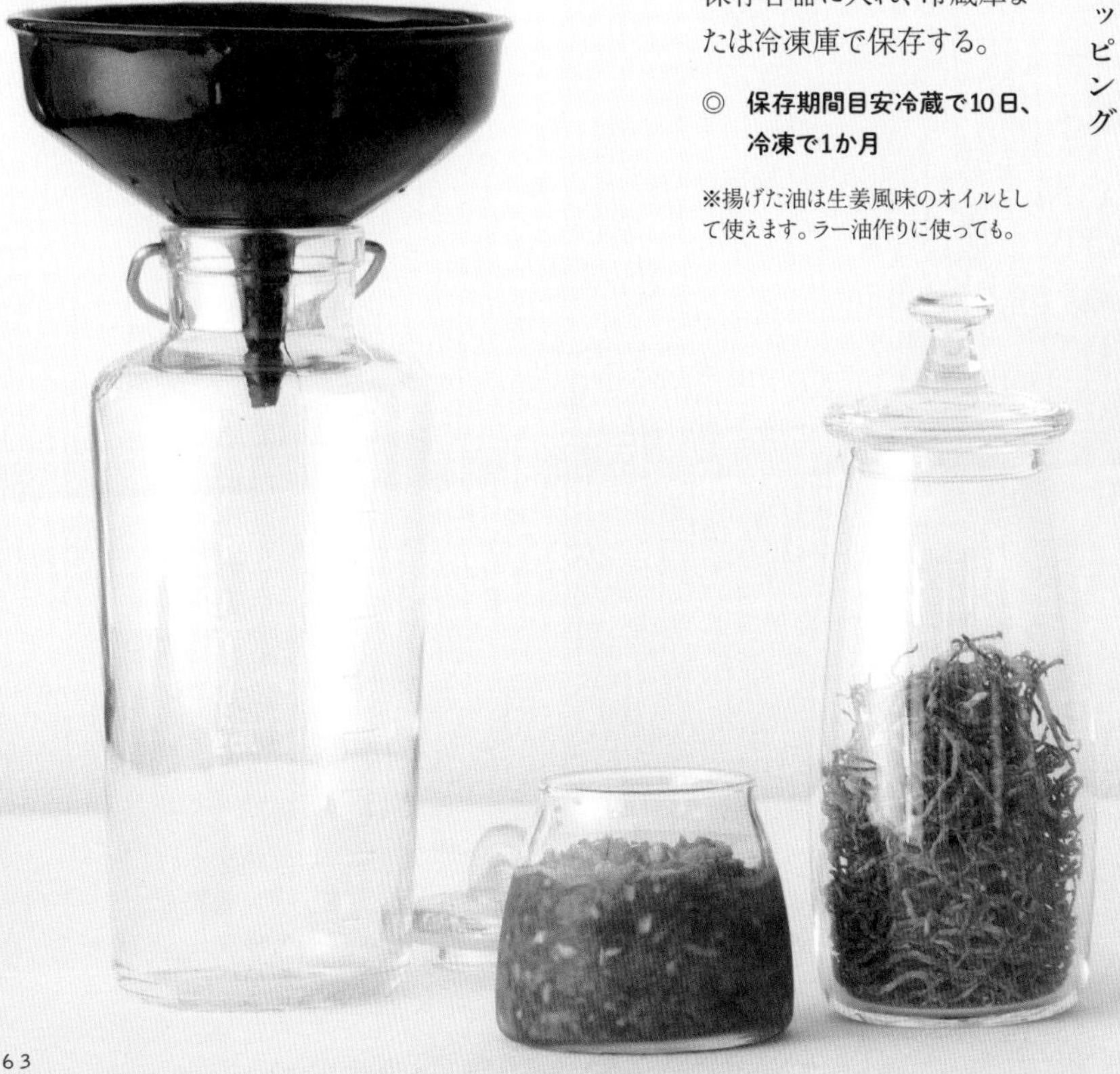

生姜の万能調味料を使って

豚バラ肉カリカリ焼き、長いも、れんこん、舞茸

「生姜の万能調味料」は、肉にも野菜にもぴったり。お好きな組み合わせでどうぞ。

材料（2人分）

生姜の万能調味料各種
（p.62）…各適量

豚バラ肉（ブロック）…150g

塩…豚肉の重量の1.5%

長いも…2.5cm

れんこん…2.5cm

舞茸…1/2パック

1 豚肉は塩をすり込み、冷蔵庫で最低ひと晩おく。表面の水分を拭き取り、7〜8mm厚さの食べやすい大きさに切る。

2 長いもとれんこんは7〜8mm厚さの輪切りにし、舞茸は大ぶりにざっくりと分ける。

3 魚焼きグリルで1と2を焼き、香ばしく焼けたものから取り出して器に盛り合わせる。生姜の万能調味料をつけていただく。

生姜の漬物

しょうゆやみそ、酢など、漬け汁・漬け床の風味を含んだ生姜の保存食。
そのまま付け合わせにしたり、料理に使うとひと手間かかった味わいに。

生姜の漬物

新生姜と白菜の泡菜《パオツァイ》

〝泡菜〟は、野菜を塩水漬けにした中国の漬物。
刻んでそのまま食べる他、炒め物や汁物に使うと発酵のうまみで味わい豊かに。

材料（作りやすい分量）

新生姜（または根生姜）…300g
白菜…300g
焼酎…大さじ1
A 水…800㎖
　塩…大さじ1と1/2
　砂糖…大さじ1

※より本格的に作る場合は花椒（粒）小さじ1/2と赤唐辛子1本をAに加えます。

1 鍋にAを入れ、沸かして塩と砂糖を溶かす。冷ました後、焼酎を加える。

2 新生姜は適当な大きさに切り分けてからきれいに洗い、変色している部分は切り落とす。繊維に沿って2㎜厚さの薄切りにする（根生姜の場合、繊維を断つように2㎜厚さの輪切りにする）。

3 白菜の芯は5㎝長さ、1㎝幅の細切り、葉はざく切りにしてざるに広げ、半日干す。

4 煮沸消毒した容器に2と3を入れ、1を注ぐ。液面を覆うようにラップなどで落し蓋をする。容器に蓋をのせ（密閉はしない）、常温に置く。春から夏なら1〜2日で発酵が始まり、細かい泡が出て軽い酸味が出てくる。室温が低い時期なら1週間くらいが目安。冷蔵庫で保存。

◎ **保存期間目安2か月。少しずつ発酵が進み、酸味、うまみが増していく。**

泡菜《パオツァイ》鍋

生姜と、一緒に漬けた白菜のうまみに、花椒と赤唐辛子のすっきりとした刺激でやみつきに。

材料（作りやすい分量）

新生姜と白菜の泡菜
（右記・汁気を切る）…150g

新生姜と白菜の泡菜の汁…1カップ

鶏もも肉…1枚（300g）

A 塩…小さじ2/3
　砂糖…小さじ1/2
　酒…小さじ2

長ねぎ…1本

白菜…1/4株

サラダ油…小さじ2

花椒（粒）…小さじ1

赤唐辛子（種を取る）…2本

B 水…800mℓ
　砂糖…大さじ1と1/2
　しょうゆ…大さじ4

※花椒と赤唐辛子の分量は好みで調整してください。

1 新生姜と白菜の泡菜は、新生姜は細切りに、白菜は汁気が残っていたら絞る。

2 鶏肉は食べやすい大きさに切り、Aの材料を揉み込んで30分ほどおく。水気が出ていればペーパータオルで拭き取る。

3 長ねぎは斜め切り、白菜はざく切りにする。

4 鍋にサラダ油を中火で熱し、2と長ねぎを炒める。表面に焼き色がついたら取り出す。

5 4の鍋にサラダ油適量（分量外）を足し、花椒と赤唐辛子を入れて弱火にかけ、香りと辛みが出たら1を炒める。油が回ったら泡菜の汁、Bの材料を加えてひと煮立ちさせ、4を戻し入れる。

6 あくを取り、白菜を入れて肉と野菜に火が通るまで煮る。

生姜の漬物

紅生姜

赤梅酢を使った自家製紅生姜。爽やかな酸味と香りです。つくねやソース味の焼きめしなど、ぜひ料理の「具」としても楽しんでください。

材料（作りやすい分量）

新生姜…300ｇ
粗塩…小さじ2
赤梅酢…1/2カップ
酢（りんご酢がおすすめ）…1/4カップ

1　新生姜は適当な大きさに切り分けてからきれいに洗い、変色した部分は切り落とす。繊維に沿って3㎜太さの細切りにする。ボウルに入れて粗塩をまぶし、重しをのせて1時間ほどおく。

2　水気をしっかり絞ってざるなどに広げ、風通しのよい、日のあたらない場所で1時間ほど乾かす。

3　煮沸消毒したびんに2を詰め、赤梅酢と酢を合わせて注ぎ、冷蔵庫で2～3日漬ける。

◎　**保存期間目安半年ほど（生姜が常に酢につかった状態で冷蔵）**

紅生姜と玉ねぎとちくわのかき揚げ

ピリッとした紅生姜が玉ねぎとちくわの甘みを引き立てます。

材料（2人分）

紅生姜（右記）
…大さじ2（汁気を切って20g）
玉ねぎ…1/4個
ちくわ…2本（70g）
小麦粉…大さじ4
冷水…大さじ2
揚げ油…適量

1　紅生姜は汁気を切る。玉ねぎは繊維に沿って5㎜厚さに切ってばらし、ちくわは長さを2等分して細切りにする。

2　ボウルに1を入れて小麦粉をまぶし、冷水を加えてさっくりと混ぜ合わせる。まとまりにくければ小麦粉と冷水を適宜足す（分量外）。

3　へらや大きめのサーバースプーンに2を適量のせ、170℃に熱した油に滑らせて落とす。表面がかたまるまで触らず、かたまったら上下を返しながらからっと揚げる。

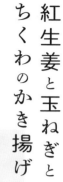

生姜の漬物

甘酢生姜

刻んでいろいろな料理に混ぜて。甘く煮て刻んだ
油揚げとごはんに混ぜれば、包まない「ばらいなり」に。
漬け汁もすし酢として使えます。
タルタルソースやドレッシングに入れても。

材料（作りやすい分量）

生姜…300g
A　酢…1カップ
　　砂糖…大さじ4（45g）
　　塩…小さじ1（6g）

※甘さ控えめのレシピです。甘めが好きな方は砂糖をお好みで増やしてください。

※写真左が根生姜、右が新生姜で作ったものです。

1　生姜は皮をむき、変色した部分は切り落とす。10分ほど水にさらす。

2　スライサーまたは包丁で繊維に沿ってできるだけ薄く切る。たっぷりの沸騰湯で2分ほどゆで、ざるにあげる。食べてみてまだ辛い場合はもう一度ゆでこぼす。

3　さっと流水にあてて冷やし、水気をぎゅっと絞って清潔な耐熱保存容器かファスナー付き保存袋に入れる。

4　鍋にAを入れてひと煮立ちさせて砂糖と塩を溶かし、熱いうちに3に注ぎ入れる。粗熱が取れたら冷蔵庫に入れて保存する。翌日から食べられる。

◎　**保存期間目安1年（使いやすい分量ずつに小分けしておくとよい）**

新生姜で作るときは

新生姜300gを適当な大きさに切り分けてきれいに洗い、変色した部分は切り落とす。繊維に沿ってできるだけ薄く切り、清潔な耐熱保存容器かファスナー付き保存袋に入れる。上記の作り方4と同様に熱いAを注ぎ、粗熱が取れたら冷蔵庫に入れて保存する。翌日から食べられ、上記と同様に保存できる。

甘酢生姜とえび きゅうりの和え物

甘酢生姜をアクセントに。
えびなしでも
おいしい一品です。

材料（2人分）

甘酢生姜（右記・汁気を切る）…40g
甘酢生姜の汁…大さじ1
むきえび…80g
A 塩…小さじ1/2
　片栗粉…小さじ1
　酒…小さじ1
きゅうり…1本
塩…小さじ1/2
ごま油…小さじ1
いり白ごま…ひとつまみ

1 むきえびはAの材料を揉み込んで5分ほどおく。さっとゆでてざるにあげ、粗熱を取る。

2 きゅうりはすりこぎやへらなどで叩いて割れ目を入れ、食べやすい長さ、太さに手で折る。塩をまぶして20分ほどおき、ペーパータオルに包んでぎゅっと押さえて水分を取る。

3 甘酢生姜は大きすぎるものはざく切りにする。

4 ボウルに3とその汁を入れ、ごま油、1、2を加えて和える。器に盛り、白ごまをふる。

生姜の漬物

みそ漬け生姜

薄切りにしてそのままごはんのおともや、
チーズにのせてつまみに。
残ったみそ床も、
魚の切り身を
漬けると生姜の風味が
移っておいしいです。

材料（作りやすい分量）

新生姜…400g
A 粗塩…20g
砂糖…8g
B みそ…300g
砂糖…60g

1 新生姜は節で切り分けてからきれいに洗い、大きいものは半分の長さに切り、変色している部分は切り落とす。

2 厚手のポリ袋に**1**とAの材料を入れてよくなじませ、空気を抜いて口を閉じる。1〜2kgの重し（雑誌などでもよい）をのせ、まいにち上下を返して4日ほど下漬けする。

3 水分が出てしんなりしたら、取り出して水分を拭き取り、盆ざるやペーパータオルを敷いた新聞紙などの上に広げて日のあたらない風通しのよい場所で半日〜1日干す。

4 清潔な保存容器にBを入れて混ぜ合わせ、**3**を漬け込む。夏なら1週間、秋なら2週間くらい、味見をしてほどよくなるまで室温で漬ける。途中で生姜の水分が出てみそがゆるくなってくるので、ときどきかき混ぜる。その後は冷蔵庫で保存する。

◎ **保存期間目安3か月**

豚肉のみそ漬け生姜巻き

コクのある豚肉、
モッツァレラチーズと
サクサクピリ辛の生姜がぴったり。

材料（2人分）

みそ漬け生姜（右記）…40g
豚ロース薄切り肉…8枚（200g）
モッツァレラチーズ…1個（100g）
青じそ…8枚
薄力粉…適量
サラダ油…小さじ1/2
A　みそ漬け生姜のみそ…大さじ1
　　みりん…大さじ1

1 モッツアレラチーズはなるべく棒状になるように8等分に切る。

2 みそ漬け生姜は繊維を断つように薄切りにする。

3 豚肉1枚を広げて縦長に置き、手前に青じそを重ね、その上に1と2を1/8量ずつのせて、手前からくるくると巻く。残りの肉も同様に巻く。

4 3に薄力粉を薄くまぶす。

5 フライパンにサラダ油を中火で熱し、4を肉のとじ目を下にして並べ入れ、表面に焼き目がつくまで転がしながら焼く。

6 チーズが肉の端から溶けて出始めたら、Aを混ぜ合わせて回し入れる。火を強めて溶けたチーズとたれをからめながら煮詰め、照りが出たら火から下ろす。

生姜の漬物

しょうゆ漬け生姜

しょうゆごと「食べる調味料」として使える漬物。
大根おろしを加えて焼肉のたれに、かつお節を
プラスしてゆでキャベツのおかか生姜和えに、
カレーライスのおともに、
モッツァレラチーズとアボカドの
生姜しょうゆかけに、など。

材料（作りやすい分量）

生姜【せん切り】…200g
しょうゆ…3/4カップ
酒・みりん…各1/4カップ

1 生姜は清潔な耐熱容器に入れておく。

2 鍋に酒とみりんを入れ、沸かしてアルコール分をとばす。

3 2にしょうゆを加え、ひと煮立ちしたら1に注ぎ入れる。粗熱が取れたら冷蔵庫で保存する。

◎ **保存期間目安2か月**

卵かけごはんにのせて

生姜のすっきりとした香りが生卵にぴったり。卵のにおいが気になる人にもおすすめ。

材料（1人分）

しょうゆ漬け生姜（右記）…適量
卵…1個
温かいごはん…茶碗1杯分

1 茶碗にごはんをよそい、卵を割り落とす。

2 しょうゆ漬け生姜をのせ、その漬け汁をかける。

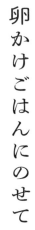

新生姜と豚肉の天ぷら

繊維がやわらかでフレッシュな辛みの新生姜を薄切りでいただきます。

材料（2人分）

新生姜…40g
豚切り落とし肉…200g
青じそ…4枚
A　酒…小さじ1
　しょうゆ…小さじ1と1/2
　塩…ひとつまみ
　砂糖…小さじ1/2
B　薄力粉…大さじ2
　片栗粉…大さじ1
　水…大さじ3
揚げ油…適量

1 豚肉はAの材料を揉み込んで10分ほどおく。

2 新生姜はきれいに洗い、繊維を断つようにして2㎜厚さの薄切りにし、8等分にする。青じそは縦半分に切る。

3 Bの材料を混ぜ合わせて衣を作る。

4 1を8等分にして平たくまとめる。新生姜を貼りつけて青じそでくるみ（写真下）、3にくぐらせて180℃に熱した油でからっと揚げる。

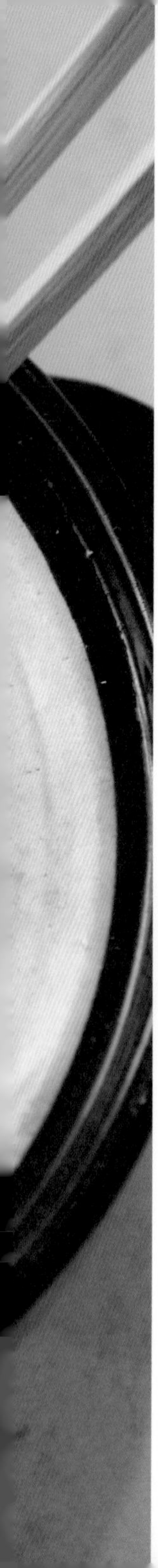

新生姜ごはん

みずみずしい新生姜を塩揉みし、
出てくる水分を加えて香りよいごはんを炊きます。

材料（作りやすい分量）

新生姜…40g
米…2合
水…350㎖
酒…大さじ2
塩…小さじ1弱
いり白ごま…小さじ2

1 米は研いでざるにあげて30分ほどおく。

2 新生姜はきれいに洗ってせん切りにし、塩をなじませて10分おく。水分が出たら、炊飯用の水にさっとくぐらせてからぎゅっと絞り、絞り汁を炊飯用の水に混ぜる。絞った生姜は炊き上がるまで乾かないようにして取り置く。

3 炊飯用の土鍋（または炊飯器）に1、2の水、酒を入れてさっと混ぜ、炊く。

4 蒸らした後、2の生姜をほぐしてのせ、さっくりと混ぜる。茶碗によそい、白ごまをふる。

生姜屋さんコラム

生姜生産者に聞く 難しいからおもしろい生姜作り

生姜は高知、熊本、宮崎など温暖な気候の土地で栽培され、その多くは小規模栽培農家が育てています。今回は、長崎県で生姜を育てる福島さんにお話を伺いました。

福島さんが農業の就労支援等で畑仕事を学び、実家に戻って生姜作りを開始したのは4年前のことです。福島さんの実家はもともと桃の農家で、現在はメインの桃を育てるかたわら、福島さんと父、母、妻の4人で約15アールの畑に生姜を栽培しています。

よい生姜は健康で元気な土から

実は、生姜はとても難しく、手のかかる作物。連作（同じ土地で毎年続けて栽培をすること）ができない、肥料をたくさん必要とする、病気や台風の被害を受けやすいことから、手掛ける農家が少ないのが実情です。

無事に収穫ができれば収入になりますが、失敗する確率も高いため農業界では「生姜は博打《ばくち》」といわれており、安定した収穫が望めないハイリスク・ハイリターンの作物とされています。

福島さん自身も、生姜の種を植える畝《うね》を高く作りすぎて水分が抜け、うまく育たなかったという苦い経験をしています。

一方で、手掛ける農家が少ない分、作り手の個性が出る作物でもある生姜。福島さんの生姜作りの特徴は元気な土作りです。慣行栽培で使用する化学肥料は、早く土に浸透しやすく便利な一方、土壌の体力を削

大変だった育成期間を終え、収穫を喜ぶ福島さん。

ると考え、化学肥料を使わずや細やかな手入れで元気な畑作りを心がける福島さん。「人間もサプリメントだけでは生きていけないし、毎食ごはんと野菜を食べている方が健康的ですよね。人間も作物も同じだと思っています」。

　ただし、土壌作りは膨大な時間と手間がかかる作業です。人間関係の信用のように、常に真剣に向き合うことで少しずつよくなっていくもので、そこが難しく、おもしろいところだと語ってくれました。

種植えして一番最初に生えてくる「一次茎」。6～7月の様子。

喜びひとしおの収穫

生姜作りの大変な作業のひとつが草取りです。除草剤をまく方法もあるものの、土壌の健康を考え、福島さんは手作業で草取りをしています。生姜が成長する初夏から夏にかけては雑草も育つ時期。草取りはなんと朝5時頃から日が落ちるまで行います。日中の暑い時間は休むものの、大半の時間を草取りに費やします。雑草を放っておくと生姜が日陰になり、育ちが悪くなるので、草が生えたら取る、生えたら取るの繰り返しです。草を取りながら生姜を一つ一つ観察し、弱っていないか、生姜が地面から飛び出していないか、など気を配ります。

　草取りの次に大変な作業が収穫です。もちろん、収穫もすべて手作業で行います。生姜を手で掘り出して、茎をはさみで切る。そして泥を落としてコンテナに詰めるところまでが一連の収穫作業です。掘り出したときに、ふっくらと大きく育った生姜を目にするのは何にも勝る喜びだそうです。

はさみで切り落とした直後の新生姜。鮮やかなピンクが見られるのはこの時期だけ。

生姜屋さんコラム

丁寧に保管されて一年中楽しめる生姜

生姜は収穫後、数か月寝かせることで新生姜から根生姜（ひね生姜）になります。以前は山腹などの横穴で寝かせていましたが、近年は温暖化で横穴の中の温度が15℃以上と高くなることもあるため、冷蔵庫を使用する農家が増えています。一定の温度下で寝かせることによって翌年の収穫時期までよい状態が保たれるのです。生姜の出荷準備も主に栽培農家の仕事です。土を落として、ちょうどよい大きさに割り、場合によってはパック詰めまで行います。

大切に育てられた生姜は、一年を通じてどの季節でも味わえるよう、収穫後も管理され、消費者へと届けられているのです。

保管中の生姜。白くとがって見えるのは芽。

3章

定番料理を生姜でおいしく

生姜と相性◎食材レシピ

昔から愛されてきた組み合わせはもちろん、新鮮な味わいまで、生姜ととくに相性のよい食材のレシピです。

生姜 ＋ 青魚

魚の中でも、生姜ととくに相性のよい青魚。

煮物に生姜は定番ですが、ここでは厚めにむいた生姜の皮を一緒に煮て臭みを抑え、仕上げには水にさらした針生姜を天盛りにして、生の生姜のすっきりとした風味も楽しみます。

いわしの生姜煮

材料（作りやすい分量）

生姜…20g
いわし（頭と内臓を取る）…6尾
A　しょうゆ…大さじ3強
　砂糖…大さじ2
　みりん…小さじ2
　酒…1/2カップ
　水…1と1/2カップ

1 生姜は皮を厚めにむき、ごく細いせん切りにして水にさらす。皮は取り置く。

2 いわしは腹の中まできれいに水洗いし、水気を拭き取る。

3 いわしがちょうど重ならずに並ぶ大きさのフライパンか鍋にAの材料と1の皮を入れ、2を並べ入れる。クッキングシートかアルミ箔で落し蓋をして中火にかける。

4 ひと煮立ちしたらあくを取り、常に煮汁が落し蓋にあたるくらいの火加減で10〜15分煮る。煮汁が好みの味加減に煮詰まったら火から下ろし、そのまま粗熱が取れるまでおく。

5 いわしを器に盛って煮汁をはり、水気を切った1の生姜をのせる。

生姜 ＋ 肉

生姜はタンパク質をやわらかくする酵素を含みます。
豚肉の生姜焼きは、肉をやわらかく、
さっぱりと食べるのに理にかなった料理です。
仕上げにたれの「追い生姜」で爽やかな香りをプラスして、より食べやすい一品に。

生姜焼き

材料 (2人分)

生姜【せん切り】…1かけ分
豚ロース肉(生姜焼き用)…200g
A　**生姜【すりおろす】**…1かけ分
　酒…大さじ1
B　しょうゆ…大さじ2
　酒…大さじ1
　みりん…大さじ2
　砂糖…小さじ1
玉ねぎ…½個
サラダ油…大さじ1と⅓
薄力粉…適量
キャベツ(せん切り)…適量

1 豚肉は脂と肉の間のすじを包丁の先かキッチンばさみで切る。

2 Aのおろし生姜は絞り、汁は酒と合わせて1に揉み込んで10分ほどおく。

3 2の生姜の絞りかすをBの材料と混ぜ合わせ、生姜のせん切りも加える。

4 玉ねぎは繊維に沿って5㎜幅に切り、サラダ油小さじ2を熱したフライパンで中火で炒め、透明感が出てきたら取り出す。

5 2の肉の漬け汁を3に合わせ(たれ)、肉はペーパータオルで汁気を押さえる。

6 4のフライパンに残りのサラダ油を足して強めの中火にかけ、肉を広げて並べ入れる。肉に茶こしなどで薄力粉を薄くふるいかける。片面が焼けたら返し、半分ほど火が通ったら4を戻し、5のたれを回し入れる。ときどき肉を返してたれをからめ、たれにとろみがついてしょうゆの香ばしい香りがしてきたら器に盛り、キャベツのせん切りを添える。

生姜 + 乳製品

コクがありマイルドな乳製品は、アクセントとなる風味を加えるとぐっと引き締まります。辛みと爽やかな香りのある生姜とは相性が抜群。同じくマイルドなアボカドと生姜も相性◎。シェイクのイメージでミルクジャムと合わせてもよく合います。

ジンジャーミルクジャム

材料（作りやすい分量）

生姜【すりおろす】…50g
牛乳…500㎖
グラニュー糖…250g

1 厚手の鍋に生姜、牛乳、グラニュー糖を入れて中火にかける。

2 ひと煮立ちしたら、ふつふつとしながらも吹きこぼれないくらいの火加減にし、へらで鍋肌をこするように混ぜながら煮詰める。

3 とろみが強くなり、表面に細かい泡が立つようになったら、冷たいスプーンに数滴落としてみる。指でなぞった跡がすぐに消えないくらいになれば完成。

4 熱いうちに煮沸消毒したびんに入れ、冷めたら冷蔵庫で保存する。

◎ **保存期間目安2か月**

ジンジャーミルクジャムを使って

アボカドジンジャーミルクジャム

材料（2人分）

ジンジャーミルクジャム（上記）…適量
アボカド…1個
レモン（くし形切り）…2切れ

1 アボカドは縦半分に切って種を取り、器にのせ、種のあった穴にジンジャーミルクジャムを流し入れる。

2 レモンを絞りかけていただく。

生姜＋柑橘

柑橘類と生姜は、爽やかな香り同士とても相性のよい組み合わせです。
ここではイタリアで食べられるレモンクリームのパスタに、
アクセントとして生姜をプラス。
シャリッと噛むと感じる生姜のフレーバーで飽きずに一皿いただけます。

レモンクリームパスタ

材料（2人分）

生姜【せん切り】…15g
スパゲッティ…160g
バター…20g
セージ（あれば）…2枚
生クリーム（乳脂肪分35%）…120㎖
レモンの絞り汁…小さじ2
レモンの皮（すりおろし）…少々
パルミジャーノチーズ…大さじ4
粗びき黒こしょう…少々
EXVオリーブ油…少々
塩…適量

1 水3ℓに対して塩大さじ2を加えて沸かし、スパゲッティをゆで始める。ゆで時間は商品の表示より1分ほど短めにする。

2 フライパンにバターとセージを入れて弱火にかけ、セージの香りが立ってきたら生クリームを加えて火を少し強め、ひと煮立ちしたら生姜を加える。

3 生姜に軽く火を通し、クリームに軽くとろみがついたら、レモンの絞り汁、1のゆで汁1/2カップ分を加えて混ぜ合わせる。

4 ゆで上がったスパゲッティ、パルミジャーノチーズ大さじ2を3に加え、塩で味をととのえる。弱火にして手早くパスタにソースをからめる。

5 器に盛り、レモンの皮、残りのパルミジャーノチーズ、こしょう、EXVオリーブ油を回しかける。

生姜 ＋ ナッツ

油脂分が豊富でマイルドな味わいのナッツと、ピリッと辛い生姜は、
互いの味わいの強い部分をほどよく抑えておいしくし合う関係です。
甘みを加えるとおやつにぴったりの味わいに。
サクサク食感の楽しいかりんとうでどうぞ。

生姜パンかりんとう

材料（2人分）

生姜【すりおろす】…30g
食パン（8枚切り）…3枚
サラダ油…大さじ2
水…1/4カップ
砂糖…150g
ピーナッツ（刻む）…30g
白ごま…大さじ1

1 食パンは縦半分に切って1㎝幅に切り、クッキングシートを敷いた天板にのせる。

2 パンにサラダ油を回しかけ、手で混ぜて油をまんべんなくゆきわたらせて、重ならないように並べる。

3 160℃に予熱したオーブンできつね色になるまで焼く（途中で裏返して合計15〜25分程度）。網にのせて冷ます。

4 フライパンに水と砂糖を入れ、なじませてから中火にかける。シロップ状にとろりと煮詰まって細かい泡が立ち、さらに粘りが出て泡が大きくなってきたら、生姜、ピーナッツ、白ごまを加え、すぐに3も加えて手早くからめる。

5 シロップが白っぽく結晶化し始めたらクッキングシートの上に取り出し、くっつかないように離して冷ます。完全に冷めてから密閉容器に入れる。

和・洋・中＋アジアンのおかずとごはん

生姜はどんなジャンルの料理にも合う万能な食材。
身近なおかずやごはんにたっぷり使って、
おいしく食べながら体もポカポカ。

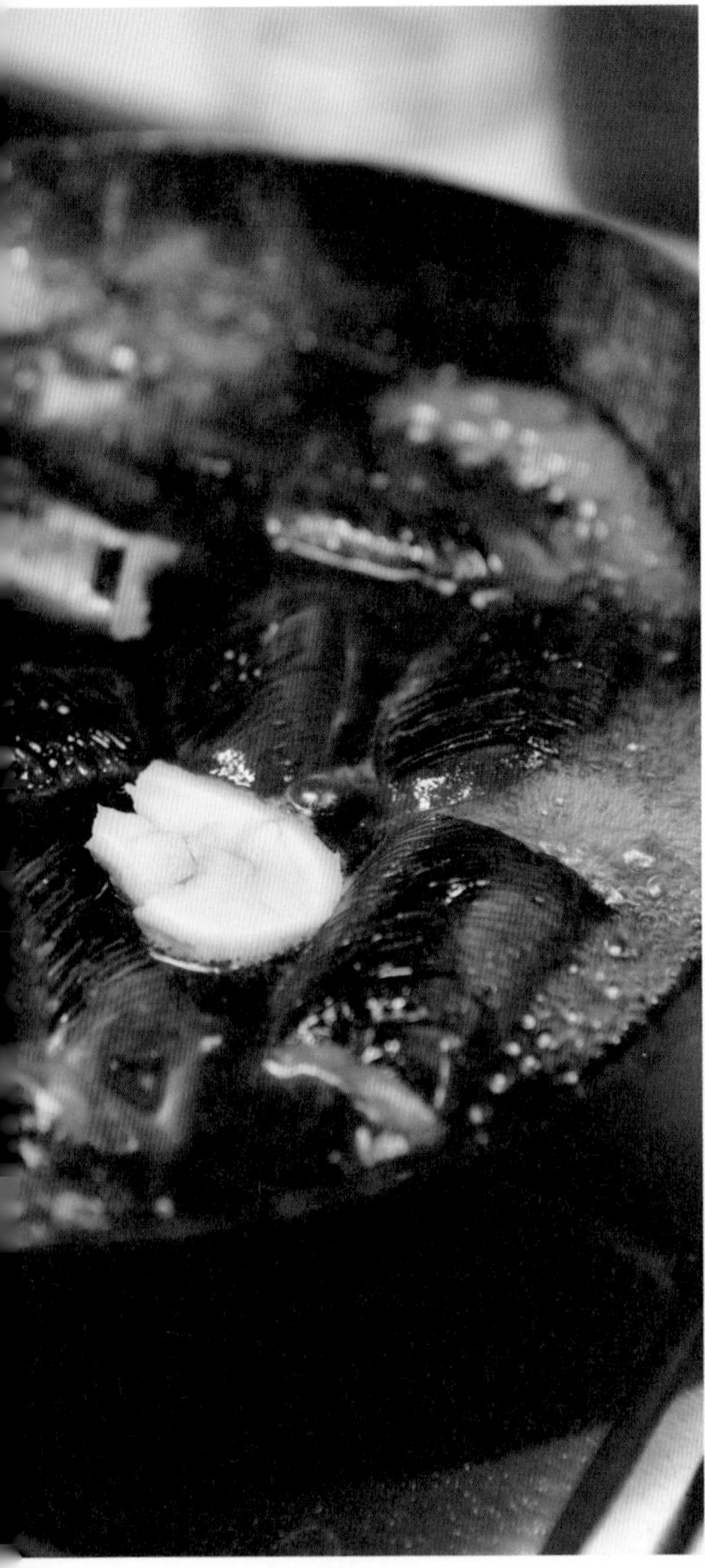

和のおかずとごはん

生姜たっぷり竜田揚げ

下味におろし生姜を揉み込み、生姜大根おろしを添えてさっぱりいただきます。

材料（2人分）

鶏もも肉…1枚（300g）

A **生姜【すりおろす】**…1かけ分
- 塩…小さじ1/4
- 砂糖…小さじ1/2
- 酒…小さじ2
- しょうゆ…大さじ1

万願寺唐辛子…適量

片栗粉…適量

揚げ油…適量

大根おろし…1カップ

生姜【すりおろす】…1かけ分

しょうゆ…お好みで少々

1 鶏肉は余分な脂を取り、食べやすい大きさに切る。

2 ポリ袋にAの材料と1を入れて揉み込み、冷蔵庫で30分ほどおく。水分が多く出ていたら、ざるにあけて汁気を切る。

3 新しいポリ袋に片栗粉1/2カップと2の肉を入れてまぶす。粉が肉の汁気を吸ってしっとりしたら、さらに片栗粉を適量加えてまぶす。

4 余分な粉をはたき落とし、180℃に熱した油でからりと揚げる。

5 万願寺唐辛子ははじけるのを防ぐために切り目を入れ、170℃に熱した油で素揚げにし、塩（分量外）をふる。

6 4と5を器に盛り合わせる。大根おろしとおろし生姜を添え、お好みでしょうゆをかける。

和

おなすとツナの炊いたん

ツナのうまみをしっかり吸って
とろりと煮えたなすに、生姜をたっぷり添えて。

材料（2人分）

生姜…20g
長なす…2本（300g）
ツナ水煮缶（身がブロック状のソリッドタイプ）…1缶（90g：固形量70g）
みょうが…1本
サラダ油…大さじ1
ごま油…大さじ1/2
A　酒…大さじ1
　水…1カップ
　砂糖…大さじ1
　しょうゆ…大さじ2※

※なすの水分量によって変わってくるのでお好みで調整。

1 生姜は皮を厚めにむき、細いせん切りにして水にさらし、皮は取り置く。みょうがも細いせん切りにして水にさらし、水気を取る。ツナはざっくりと大きめにほぐす。

2 なすは縦半分に切って皮目に浅く、細かく包丁目を入れ、食べやすい長さに切る。

3 フライパンにサラダ油とごま油を中火で熱し、2を皮目を下にして並べ入れる。皮が色よく焼けたら裏返し、切り口側にも焼き色をつける。

4 3にAの材料、生姜の皮、ツナを缶汁ごと加え、ひと煮立ちしたら落し蓋をして弱火で5分ほど煮る。

5 粗熱を取った後、器に盛り、水気を切ったせん切りの生姜とみょうがを添える。

和

生姜粕汁

マイルドな粕汁が、生姜の辛みできりりと引き締まります。体もいっそう温まります。

材料 (2人分)

生姜【すりおろす】
…1かけ分
大根…50g
にんじん…40g
ちくわ…1本(35g)
酒粕(板粕)…60g
油揚げ(短冊切り)…1/2枚分
青ねぎ(斜め薄切り)…適量
だし汁…500㎖
うす口しょうゆ…小さじ1/2
塩…適量
七味唐辛子
…お好みで少々

1 大根とにんじんは細切り、ちくわは5㎜厚さの輪切りにする。

2 鍋にだし汁、大根、にんじん、ちくわを入れて中火にかける。ひと煮立ちしてから3分ほど煮て火を止める。

3 2の煮汁おたま2杯程度をすり鉢に取り、酒粕を小さくちぎって加え、すってなめらかにする(ハンドミキサーでもよい)。

4 2に油揚げと3を加えて中火にかけ、ひと煮立ちしたらうす口しょうゆと塩少々を加えて味をととのえる。器に盛り、青ねぎとおろし生姜をのせ、お好みで七味唐辛子をかける。

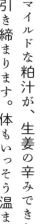

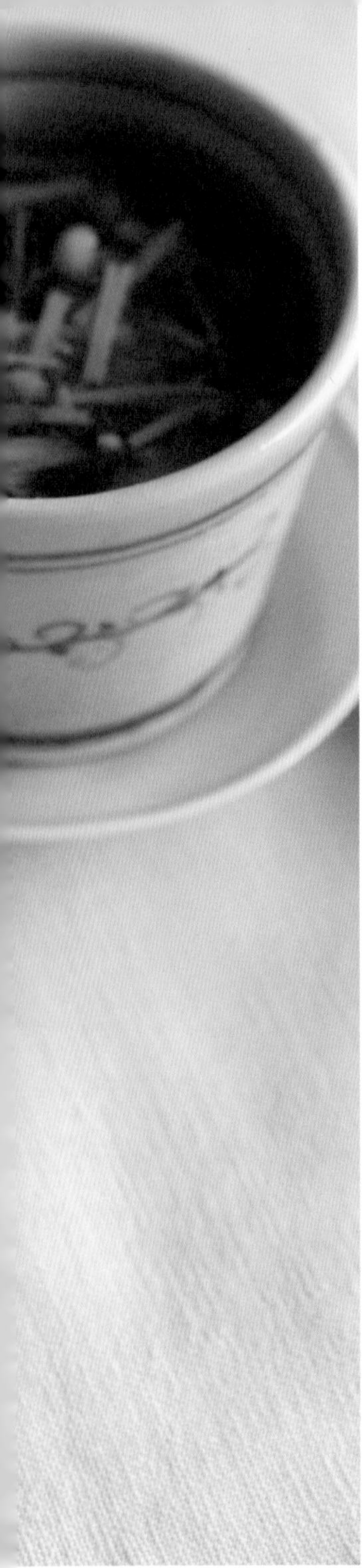

和

生姜あんかけ茶碗蒸し

やさしくやわらかな味わいの茶碗蒸しを、生姜入りのあんで飽きずにいただけます。

材料（2人分）

生姜【すりおろす】
…1/2かけ分

卵…1個（50g）

A　だし汁…130mℓ
　塩…小さじ1/5
　酒…小さじ1

えのき茸…20g

みつ葉（ざく切り）…1/4束分

B　だし汁…100mℓ
　みりん…小さじ1
　うす口しょうゆ…小さじ1/2
　塩…2つまみ

水溶き片栗粉（片栗粉小さじ1を小さじ2の水で溶く）

1　ボウルに卵を割り入れ、泡立てないように箸で切るようにして溶きほぐす。Aの材料を加えて混ぜ、目の細かいざるで漉し、耐熱の器に流し分ける。

2　湯気の立った蒸籠か蒸し器に1を入れ、最初は強火で2～3分、表面がかたまり始めたら弱火にして蓋の間に箸をはさんで湯気を逃がしながら10分ほど蒸す。

3　えのき茸は2㎝幅のざく切りにして鍋に入れ、Bの材料を加えて中火にかける。ひと煮立ちしたら弱火にして1～2分煮て、水溶き片栗粉を回し入れてとろみをつける。

4　2に竹串を刺し、穴から澄んだだしが出てきたら取り出す。

5　3におろし生姜とみつ葉を加えて温め、4にかける。

(和)

けいらんうどん

熱々のあんかけうどんにたっぷりのおろし生姜。寒い冬や風邪気味のときにぜひどうぞ。

材料（2人分）

生姜【すりおろす】
…大さじ1
卵…3個
うどん…2玉
A　だし汁…700㎖
　みりん…大さじ3
　うす口しょうゆ
　…大さじ2
　塩…小さじ$\frac{1}{2}$
水溶き片栗粉（片栗粉大さじ2と$\frac{1}{2}$を同量の水で溶く）

1　卵は溶きほぐす。うどん用にたっぷりの湯を沸かしておく。

2　鍋にAを合わせて中火で煮立て、箸でかき混ぜながら水溶き片栗粉を少しずつ回し入れてとろみをつけ、一旦火から下ろす。

3　うどんは1の鍋でゆで、再沸騰したらざるにあげてしっかり湯切りし、どんぶりに盛る。

4　2を再び中火にかけ、ふつふつと煮立ってきたら、溶き卵を鍋の縁の方に少しずつ回し入れる。すぐにかき混ぜず、卵に火が通ってふんわりと浮き上がったらさっと混ぜて3にかける。おろし生姜をこんもりとのせる。

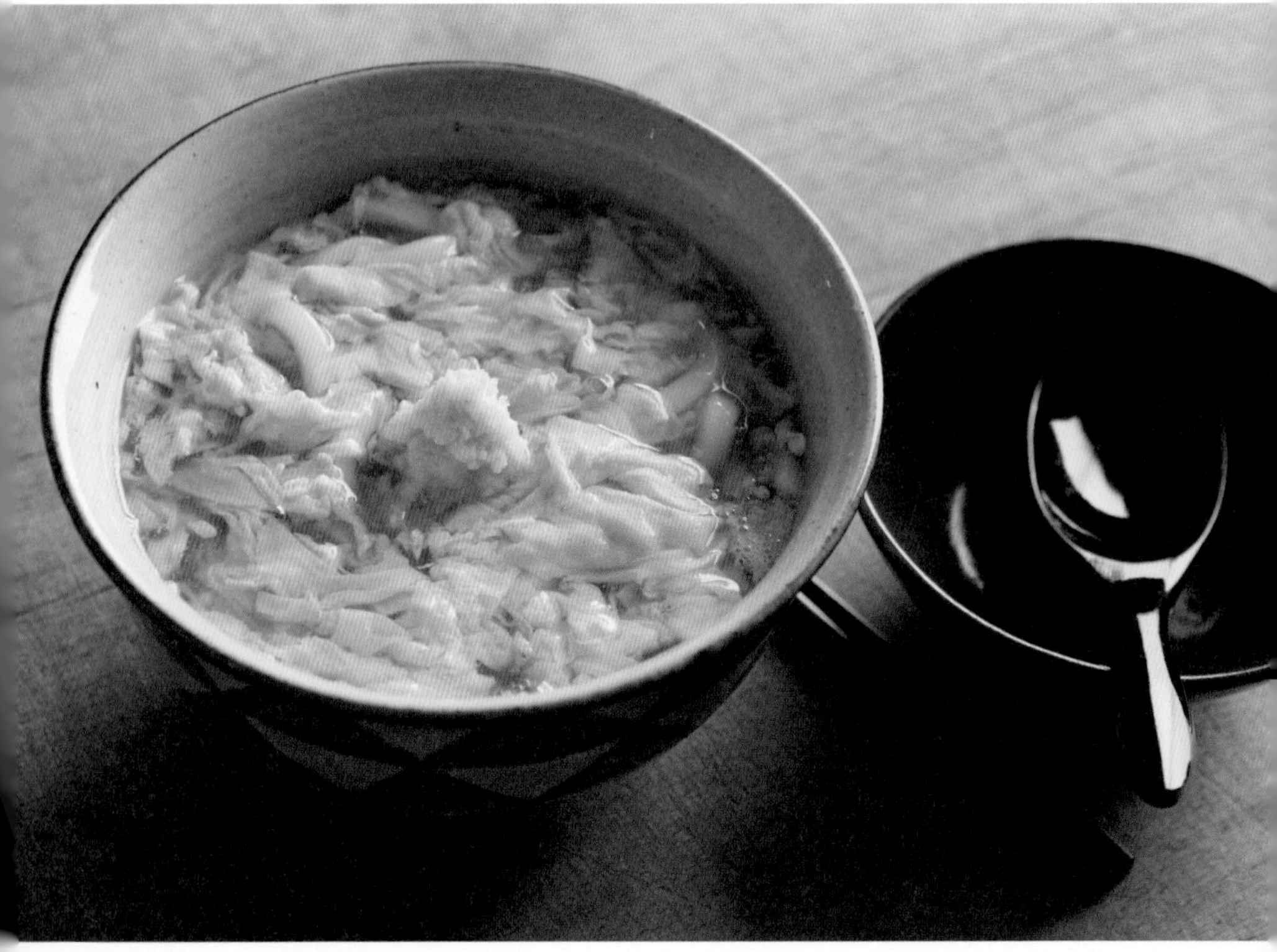

和

生姜とお揚げさんのカレー丼

だしのきいた「お蕎麦屋さん」カレー。
あっさりしていますが、生姜でメリハリのある味に。

材料（2人分）

生姜【せん切り】
…2かけ分
油揚げ…1枚
青ねぎ…1本
A　だし汁…2カップ
　カレー粉…小さじ2
　しょうゆ
　…大さじ2
　みりん…大さじ1
　塩…小さじ1/4
　砂糖…小さじ2
水溶き片栗粉（片栗粉大さじ2を同量の水で溶く）
温かいごはん
…茶碗2杯分

1 油揚げはペーパータオルで押さえて軽く油を取り、1㎝幅の短冊切りにする。青ねぎは5㎜幅の斜め切りにする。

2 鍋にAの材料を合わせて中火にかける。ひと煮立ちしたら生姜と油揚げを加え、油揚げが汁を吸ってやわらかくなってきたら青ねぎの根元の白い部分を加える。

3 水溶き片栗粉を回し入れ、とろみがついたら弱火で30秒ほど煮て、青ねぎの青い部分を加えてさっと火を通す。

4 どんぶりにごはんをよそい、3をかける。

洋のおかずとごはん

炒めカレー

最初に炒めて香りを出す生姜と、後から具として加える生姜の二度使い。

材料（2人分）

- **生姜【みじん切り】**…20ｇ
- **生姜【せん切り】**…10ｇ
- 牛切り落とし肉…100ｇ
- 玉ねぎ…1/2個
- なす…２本
- トマト…２個（280ｇ）
- カレー粉…小さじ2
- 塩…少々
- サラダ油…大さじ3
- A　酒…大さじ3
  - ウスターソース…小さじ2
  - ケチャップ…大さじ1
  - しょうゆ…大さじ1と1/2
- 温かいごはん… 茶碗2杯分

1 牛肉は食べやすい大きさに切る。

2 玉ねぎはざく切り、なすは1.5㎝厚さの輪切り、トマトは大きめのひと口大に切る。なすの両面に軽く塩をふって出てきた水気は押さえて取る。

3 フライパンにサラダ油大さじ2を中火で熱し、なすを並べ入れて両面を焼く。やわらかくなったら取り出す。

4 3のフライパンに残りのサラダ油を足し、生姜のみじん切りを入れて弱火にかける。香りが立ったら強めの中火にして玉ねぎ、牛肉の順に入れて炒める。

5 肉に火が通ったらカレー粉をふり入れて炒め、全体になじんだらAの材料を回し入れる。水分が減ってつやが出てきたら、トマト、3、生姜のせん切りを加えて強火で炒める。

6 トマトが半分煮崩れるくらいまで炒め、ごはんとともに器に盛る。

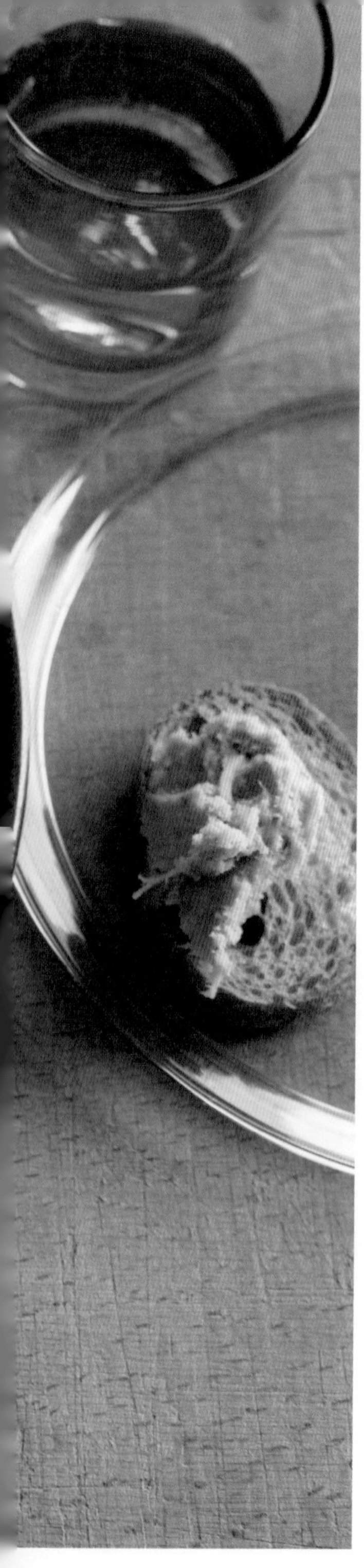

洋

ジンジャーリエット

コクのあるリエットを、生姜の辛みと香りでさっぱりと食べやすく仕上げます。

材料（作りやすい分量）

生姜【せん切り】…40g
豚バラ肉（ブロック）…500g
塩…小さじ1/2
玉ねぎ…1/4個
オリーブ油…大さじ2
粗びき黒こしょう…少々
A　白ワイン…100㎖
　水…200㎖
　ローリエ…1枚
生姜（飾り用・ごく薄切り）…適量
バゲット（スライス）…適量

1 豚肉は2㎝角に切って塩を揉み込む。玉ねぎは繊維と直角に薄切りにする。

2 厚手の鍋にオリーブ油と生姜を入れて弱火にかけ、蓋をして5分、一旦混ぜて再び蓋をして5分加熱し、生姜を取り出しておく。

3 2の鍋に残ったオリーブ油で玉ねぎを中火で炒め、しんなりしたら豚肉を加えて焼き色がつくまで炒める。

4 3にAの材料を加え、沸いたらあくを取り、蓋をして肉がやわらかくなるまでごく弱火で1時間30分ほど煮る。途中、水分がなくなりそうになったら水適量（分量外）を足す。

5 肉がやわらかく煮えたら蓋を取って火を強め、脂が澄んでくるまで水分をとばす。

6 ローリエを除き、肉をざるにあけて脂を取り分け、粗熱を取る。

7 肉と玉ねぎをフードプロセッサーにかけてほぐし、脂を少しずつ加えて好みのなめらかさに調整し、2で取り出した生姜を混ぜ込む。塩（分量外）、こしょうで味をととのえる。

8 清潔なココットなどに空気が入らないように詰め、生姜の薄切りに脂をぬって貼りつける。トーストしたバゲットとともにいただく。

※保存性を高めたいときは、6で取り分けた脂を溶かして表面に流しかためる。

洋 生姜とじゃがいものガレット

少ない材料で作れる洋風お焼き。
すっきりとした風味で何枚でも食べられそう。

材料（直径20cm・1枚分）

生姜【少し太めのせん切り】
…15g
じゃがいも…300g
塩…小さじ1/4
パルミジャーノチーズ
または粉チーズ…大さじ2
パセリ（みじん切り）…大さじ1
オリーブ油…大さじ1
ベビーリーフのサラダ
…適量

1 じゃがいもは2〜3㎜太さのせん切りにする。塩をまぶして10分ほどおき、ペーパータオルで水分を取る。

2 ボウルに1、生姜、チーズ、パセリ、塩ひとつまみ（分量外）を入れて混ぜ合わせる。

3 厚手のフライパンに中火でオリーブ油を熱し、2を入れて直径20cmくらいの円形に整える。ときどきへらで押さえながら、弱めの中火で焦がさないように10分ほど焼く。

4 裏面に焼き色がついたら返し、3と同じ要領で焼く。

5 両面ともかりっと焼けたら切り分けて皿に盛り、ベビーリーフのサラダを添える。

洋

生姜ピラフ

オリーブやハムの入ったコクのあるピラフを、生姜でさっぱりと仕上げます。

材料（作りやすい分量）

生姜【せん切り】
…2かけ分
米…2合
にんじん…1本（150g）
黒オリーブ…12個（25g）
ハム…6枚（70g）
パセリ（みじん切り）…適量
A　水…360㎖
　塩…小さじ1
　オリーブ油…小さじ2
粗びき黒こしょう…少々

1　米は研いでざるにあげて30分ほどおく。

2　にんじんは食べやすい長さのせん切り、オリーブは粗みじん切り、ハムは5㎜角に切る。

3　炊飯器の内釜に1、Aの材料、生姜、にんじん、オリーブ、ハムの半量を入れてさっと混ぜて炊く。

4　蒸らし上がったら残りのハムを加えてさっくりと混ぜ、器によそってパセリを散らし、こしょうをかける。

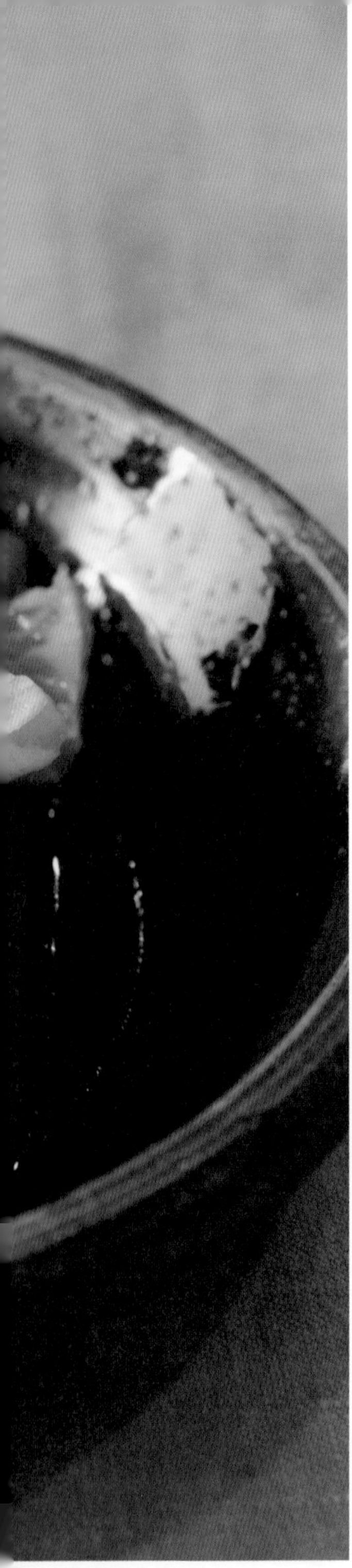

中＋アジアンのおかずとごはん

中華風蒸し魚

熱い油をジュワーッとかけて爽やかな香りを立たせて。
ごはんにのせてもおいしいです。

材料（2人分）

生姜…10g
鯛などの白身魚（切り身）…2切れ
A　塩…2つまみ
　　紹興酒…小さじ1
長ねぎの白い部分…10㎝
長ねぎの青い部分…適量
B　しょうゆ…大さじ1
　　砂糖…小さじ1
　　紹興酒…大さじ1
C　サラダ油…大さじ1
　　ごま油…小さじ1

1　白身魚の切り身にAの材料をなじませて10分ほどおき、ペーパータオルでしみ出した水分を拭き取る。

2　生姜は皮を厚めにむき、ごく細いせん切りにして水にさらし、皮を取り置く。

3　長ねぎの白い部分はごく細いせん切りにして水にさらし、ペーパータオルで水気を取る。

4　Bの材料を合わせてひと煮立ちさせる。

5　耐熱の器に長ねぎの青い部分を敷き、その上に1を並べ、生姜の皮をのせる。湯気の立った蒸籠か蒸し器に入れ、蓋をして強火で5分ほど蒸す。蒸し上がったら生姜の皮を取り除き、3と水気を切った生姜のせん切りをのせる。

6　Cの油を小鍋に入れて熱し、薄く煙が立ってきたら5の生姜とねぎに回しかけ、さらに4を回しかける。

※油の小鍋に火が入らないように注意してください。

中＋アジアン

いかとセロリの和え物

甘酢とたっぷりのおろし生姜で和えた、おつまみにもなる中華風の一品です。

材料（4人分）

生姜【すりおろす】
…1かけ分

するめいか…1ぱい
セロリ（斜め薄切り）…1本分
長ねぎ（みじん切り）…5cm分
赤唐辛子（種を取ってみじん切り）
…1/2本分
パクチー（ざく切り）…1株分

A サラダ油…大さじ1
ごま油…小さじ1

B 塩…小さじ1/4
砂糖…小さじ1
酢…小さじ2

※5で油の小鍋に火が入らないように注意してください。

1 いかは足と内臓を取って洗い、水気を拭いて皮をむき、開く。表に細かい包丁目を斜めに入れ、1cm幅に切る。足は吸盤をこそげ取り、2～3本ずつに切る。

2 鍋にたっぷりの湯を沸かして塩（分量外）を加え、セロリをさっとくぐらせ、水気を拭き取る。鍋の湯を沸かし直し、1をさっとゆで、ざるにあげて粗熱を取る。

3 生姜、長ねぎ、赤唐辛子を大きめの耐熱ボウルに入れる。

4 Aの油を小鍋に入れて熱し、薄く煙が立ってきたら3に一気に加えて香りを立て、さらにBの材料を加えて混ぜ合わせる。

5 4に2、パクチーを入れて和える。

中＋アジアン

ピータン豆腐

なめらかなピータン豆腐。
生姜の香りでピータンのクセがやわらぎます。

材料（2〜3人分）

絹ごし豆腐…1丁
ピータン…1個
パクチー…1〜2株

A　**生姜【みじん切り】**…大さじ1
　長ねぎ（みじん切り）…大さじ1
　みょうが（輪切り）…1個分
　しょうゆ…小さじ1

B　塩…小さじ$1/2$
　ごま油…大さじ1
　砂糖…小さじ$1/4$

1 豆腐はペーパータオルで包み、軽く重しをして30分ほどおいて水分を切る。

2 ピータンは殻をむき、白身の部分（茶色のゼリー状）をざく切りにする。

3 パクチーは葉をちぎり、茎はみじん切りにする。

4 1を崩してボウルに入れ、Bの材料で和える。

5 別のボウルに2、3の茎、Aの材料を入れて黄身をざっくり崩して混ぜ合わせる。

6 4と5をさっと混ぜて器に盛り、3の葉をのせる。

中＋アジアン

カオマンガイ

ごはんは生姜の皮と一緒に炊いて香り高く。
仕上げにフレッシュな生姜をたっぷり。

材料（2人分）

生姜…2かけ
米…1合
水…180㎖
鶏もも肉…1枚（250ｇ）
A　塩…小さじ$\frac{2}{3}$
　　砂糖…小さじ$\frac{1}{2}$
　　酒…小さじ1
きゅうり…$\frac{1}{2}$本
セロリ…$\frac{1}{2}$本
パクチー…2株
B　しょうゆ…大さじ3
　　みそ…小さじ$\frac{2}{3}$
　　酢…大さじ1と$\frac{1}{2}$
　　砂糖…小さじ2
　　赤唐辛子（種を取ってみじん切り）…1本分

1　米は研いでざるにあげて30分ほどおく。

2　鶏肉にAの材料を揉み込んで30分ほどおく。

3　生姜は皮をむいてみじん切りにし、皮は取り置く。きゅうりとセロリは縦半分に切ってから斜め薄切り、パクチーは根を落としてざく切りにし、根は取り置く。

4　ボウルにBの材料と生姜のみじん切りを入れて混ぜ合わせる。

5　炊飯器の内釜に1と水を入れ、汁気を拭き取った2を上にのせ、生姜の皮とパクチーの根を加えて炊く。

6　蒸らし上がったら鶏肉を取り出し、生姜の皮とパクチーの根は取り除く。ごはんをざっと混ぜ、鶏肉は1㎝幅のそぎ切りにする。

7　器にごはんと鶏肉を盛り、きゅうり、セロリ、パクチーを添え、肉に4を適量かける。

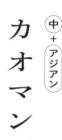

中＋アジアン

生姜とにらの和えめん

熱い油をかけてパッと香りが出た生姜とにらを、急いでめんにからめていただきます。

材料（2人分）

生姜【ごく細いせん切り】
…2かけ分

にら…1束

ひやむぎ…160g

A　しょうゆ…大さじ2
　黒酢…小さじ2
　砂糖…小さじ1
　花椒粉…お好みで少々

B　サラダ油
　…大さじ1と1/2
　ごま油…大さじ1/2

花椒粉…お好みで少々

1　にらは1～2㎜幅に切る。

2　ひやむぎはたっぷりの湯でゆでる。

3　Aの材料は混ぜ合わせておく。

4　ゆで上がったひやむぎを軽く湯切りして器に盛り、3を回しかけ、1と生姜をのせる。

5　Bの油を小鍋に入れて熱し、薄く煙が立ってきたら4の生姜とにらに回しかける。好みで花椒粉をふり、よく混ぜ合わせてからいただく。

※油の小鍋に火が入らないように注意してください。

中＋アジアン

生姜とじゃがいものチヂミ

カリカリの豚バラ肉とせん切り生姜、じゃがいものもっちり生地の、三つ巴のおいしさ。

材料（直径約8㎝・4枚分）

生姜【せん切り】
…10ｇ
じゃがいも
…2個（300ｇ）
小ねぎ（小口切り）
…1本分
豚バラ薄切り肉
…60ｇ
塩…2つまみ
ごま油…小さじ2
酢・しょうゆ
…各小さじ1
一味唐辛子
…お好みで少々

1 じゃがいもは皮をむいてすりおろし、下にボウルを重ねたざるにあけ、軽く押さえて汁気を切る。ボウルにたまった汁は動かさずに5分ほど放置し、デンプンを沈ませる。

2 豚肉は6〜7㎝幅に切る。

3 1の汁の上澄みを捨て、底に残った白いデンプンにすりおろしたじゃがいも、生姜、小ねぎ、塩を混ぜる。

4 フライパンを中火で熱してごま油をひき、3を4等分にして円形に広げる。それぞれの上に2を広げてのせ、片面に焼き色がついたら返し、肉がカリカリになるまで脂を拭き取りながらこんがりと焼く。酢じょうゆを添え、お好みで一味唐辛子をかける。

生姜のおやつとデザート

ジンジャーキャロットケーキ

にんじんの甘みをいかしたケーキ。
ときどき感じる生姜の風味でさっぱりといただけます。

材料（240×200×高さ35㎜のバット1台分）

生姜…20g
にんじん…1本（150g）
くるみ（ロースト）…60g
サラダ油…60g
砂糖…80g
卵…2個
A　薄力粉…130g
　　塩…1〜2つまみ
　　ベーキングパウダー…小さじ1
　　シナモンパウダー…小さじ1/2
プレーンヨーグルト（無糖）…400g
砂糖…大さじ1

準備

・バットにクッキングシートを敷く。
・オーブンを180℃に予熱する。（生地を入れる際に温度が下がるため予熱を高く設定）

1　プレーンヨーグルトはペーパータオルを敷いたざるに入れて包み、上に皿を重しがわりにのせる。下にボウルを重ねて冷蔵庫に入れ、半量になるまで水切りして砂糖大さじ1を混ぜておく。

2　生姜とにんじんはそれぞれ1/3量はすりおろし、残りはせん切りにして混ぜ合わせる。くるみは粗く刻む。

3　ボウルに卵を割り入れ、砂糖を加えてハンドミキサーでもったりと白っぽくなるまで混ぜ合わせる。

4　3にサラダ油を加え、ゆるいマヨネーズ状になるまで混ぜ合わせる。

5　Aの材料を合わせて4にふるい入れ、ゴムべらで切るようにして混ぜる。粉が半分くらい見えなくなったら2を加え、切るようにして混ぜ合わせる。

6　準備したバットに5を流し入れて表面を平らにならし、170℃のオーブンで25〜30分焼く。バットから出して網の上で冷ます。

7　再びバットに戻し、1を表面に塗り、170℃のオーブンで10分焼く。

生姜のおやつとデザート

ライスプディング

お米と牛乳の甘みを生姜で軽やかに。
できたての温かい状態もおすすめです。

材料（作りやすい分量）

ごはん…150g

A
- **生姜【すりおろす】**…20g
- 牛乳…1と$\frac{1}{2}$カップ
- 砂糖…大さじ4
- 塩…ひとつまみ

アーモンド（刻む）…小さじ2

ナツメグパウダー…少々

※ナツメグがなければシナモンやカルダモンなどお好みのスパイスを。

1 鍋にごはんとAの材料を入れて中火にかける。ふつふつとしてきたら、吹きこぼれない程度に火を弱め、とろりとするまで煮る。粗熱を取り、冷蔵庫でよく冷やす。

2 器に形よく盛り、アーモンドとナツメグパウダーをかける。

生姜のおやつとデザート

生姜とドライフルーツのはちみつ漬け

生姜の汁気をドライフルーツが吸って、
こっくりとした甘みと爽やかさが一体に。

材料（作りやすい分量）

生姜【すりおろす】…100g
好みのドライフルーツ※…200g
はちみつ…250g

※ここではミックスドライフルーツを使用。
※そのまま食べる他、ヨーグルトに添えるのもおすすめ。

1 ドライフルーツは大きなものは食べやすい大きさに切る。

2 煮沸消毒したびんに1、生姜、はちみつの順に何層にも重ねて入れる。

3 びんの口を開けたまま30分ほど湯煎にかけ、粗熱を取る。ふたをして常温または冷蔵庫で保存する。1週間後くらいからが食べごろ。

◎ **保存期間目安常温で1か月、冷蔵で3か月（開封後は早めに食べきる）**

フレンチトースト 生姜とオレンジのソース

もっちりとして香ばしいフレンチトーストに、生姜がきいた甘酸っぱいソースの相性が抜群。

材料（2人分）

バゲット…15〜20cm

A **生姜【すりおろす】**…10g
　全卵…1個
　卵黄…1個分
　グラニュー糖…大さじ2

牛乳 …1カップ

バター…10g

グラニュー糖…大さじ1と1/2

シナモンパウダー…お好みで少々

生姜とオレンジのソース
　生姜【せん切り】…10g
　オレンジ…1個
　バター…10g
　グラニュー糖…大さじ1
　ラム酒…小さじ2

1. ソースのオレンジは果肉を切り出し、皮に残った果汁を絞り取る。
2. バゲットは大きめのひと口大に切る。
3. Aの材料をボウルに入れ、泡立て器でむらなく混ぜ合わせる。
4. 3に牛乳を加えて混ぜ、2とともにポリ袋に入れ、冷蔵庫で1〜2時間つけて（ひと晩つけてもよい）よくしみ込ませる。
5. フライパンにバターを中火で熱し、4を入れる。返しながら焼いて全体に焼き色をつけ、グラニュー糖をふりかけてざっと混ぜ、溶けてカラメル状になったらパンにからめ、器に盛る。
6. 生姜とオレンジのソースを作る。フライパンにバターを中火で溶かし、生姜と1の果肉をソテーする。グラニュー糖、ラム酒、1の果汁を加え、ざっと混ぜてアルコール分をとばす。
7. 5に6をかけ、お好みでシナモンパウダーをかける。

生姜屋さんコラム

生姜をもっと知りたくなったら ベランダで育てる生姜

ベランダでもＯＫ！ 家庭で生姜を育てよう

生姜は家庭の庭やプランターで手軽に栽培できます。土から引き抜いた瞬間の香りは格別です。自分で育てた香り高い生姜をぜひ味わってみてください。

植えどきは春。お住まいの地域の桜の開花時期を目安にするとよいかと思います。

必要なものは種生姜 芽を上に向けて植える

「種生姜」とは普通に食べる生姜と同じです。ただし、育てるならホームセンターなどで販売されている種生姜を使う方がよいでしょう。種生姜は大きいので、60～１５０ｇになるように手で折ります。白っ

植え方

種生姜を60～１５０ｇずつに分け、芽がある方を上にして植えます。刃物を使わず、手で折るのがコツです。

芽が出る

最初に小さな芽が１本出てきます。芽が出るまでに結構時間がかかるので気長に見守りながら待ちましょう。

ぽく尖っている部分が生姜の芽。その芽を上に向けて10～15cmの深さに植えます。

生姜は成長すると横に広がります。地植えの場合は30cm程度間隔を開けましょう。プランターの場合は野菜用の土（種生姜1個につき20～30ℓ）を用意してください。種生姜1個につきプランター1つ、が基本です。

茎が増えていく様子を楽しみながら収穫を待つ

最適な場所は「半日、半日陰」といって、一日のうち半分日陰になる場所です。水やりは与えすぎに注意し、まいにち行いましょう。芽が出てくるのは植えてから50日くらいが目安です。最初に1本目の茎である「1次茎」が出て、その両脇にだんだん増えていきます。生姜が地表に出てきたら日焼けをしないように土をかぶせてください。

収穫は11月頃、霜が降りる前に掘り出します。これが新生姜です。すぐに食べきれない場合は、甘酢漬けなどお好みの保存食にするのがおすすめです。

他にも茎が出る

最初に伸びた茎をはさむように両サイドに2次茎、3次茎が出ます。多いものでは6次茎以上の場合もあります。

収穫

11月頃、霜が降りる前に収穫します。種生姜だった部分も食べられます（「親生姜」と呼ばれます）。

※生姜の育て方については、GINGER FACTORY（p.128参照）のホームページで詳しく紹介されています。
※種生姜は園芸用品を扱うホームセンターなどの他、GINGER FACTORYの店舗・オンライン販売で購入できます。

監修 GINGER FACTORY（ジンジャーファクトリー）

全国の生姜好きが集まる生姜専門店。代表の古谷公史郎氏（写真）は日本中の生姜畑に直接出向き、ネット通販と実店舗を運営。生姜を栽培する「部活」や「生姜のお話会」などを主催。生姜商品の販売に限らず、消費者と生産者の距離を縮める活動を行う。

レシピ こてらみや

フードコーディネーター・料理家。スパイスや香味野菜など、香りをいかした料理に定評がある。キッチンに生姜を欠かしたことのない生姜好きで、フレッシュ、乾燥を使い分けて日々の暮らしに取り入れている。著書に『魔法のびん詰め』（三笠書房）、『おかずのもと』（翔泳社）などがある。

撮影	公文美和 古谷公史郎（p.80～82）
スタイリング	駒井京子
イラスト	花松あゆみ
デザイン	芝 晶子＋廣田 萌（文京図案室）
校正	株式会社ぷれす
執筆協力	深谷恵美 美濃越かおる
編集協力	松本郁子
調理助手	鈴木祥子
監修協力	石原新菜（イシハラクリニック副院長）
生姜提供	GINGER FACTORY 埼玉県川口市芝富士1-26-9-1F 電話 048-483-4146
撮影協力	UTUWA 東京都渋谷区千駄ヶ谷3-50-11 明星ビルディング1F 電話 03-6447-0070

生姜屋さんとつくった
まいにち生姜レシピ

監修者 GINGER FACTORY
レシピ こてらみや
発行者 池田士文
印刷所 日経印刷株式会社
製本所 日経印刷株式会社
発行所 株式会社池田書店
〒162-0851
東京都新宿区弁天町43番地
電話 03-3267-6821（代）
FAX 03-3235-6672

落丁・乱丁はお取り替えいたします。

ISBN 978-4-262-13066-8

[本書内容に関するお問い合わせ]
書名、該当ページを明記の上、郵送、FAX、または当社ホームページお問い合わせフォームからお送りください。なお回答にはお時間がかかる場合がございます。電話によるお問い合わせはお受けしておりません。また本書内容以外のご質問などにもお答えできませんので、あらかじめご了承ください。本書のご感想についても、弊社HPフォームよりお寄せください。
[お問い合わせ・ご感想フォーム]
当社ホームページから
https://www.ikedashoten.co.jp/

23076509